DONATA ELSCHENBROICH

Die Dinge

Buch

In den Dingen, den Alltagsgegenständen, steckt das Wissen der Welt. Kinder arbeiten sich in die Welt ein, indem sie dieses Wissen von Ding zu Ding erschließen. Donata Elschenbroich beobachtet sie dabei. Bei ihrem beharrlichen Erkenntnisinteresse und ihrer fantastischen Fähigkeit, ein Mehr in den Dingen zu entdecken. Die Gegenstände des täglichen Lebens sind spannender als viele Spielzeuge. Sie erweitern unsere Möglichkeiten, sind uns unerlässlich, kostbar oder auch lästig, vertraut und fremd zugleich. Was liegt näher, als sie gemeinsam mit den Kindern einmal genauer zu befragen, um gemeinsam mehr zu erfahren über die Kräfte in den Dingen, über die Welt? Wie funktioniert die Pipette? Die Wäscheklammer? Die Wasserwaage? Was wäre, wenn wir sie nicht hätten?
Ganz »dinglich« und sinnlich erkundet Donata Elschenbroich den Alltag als Bildungsort, das informelle Lernen mit- und voneinander in der Wirklichkeit, von den Dingen selbst.

Autor

Donata Elschenbroich studierte in München und London und promovierte an der Universität Bremen mit einer Arbeit zur Kulturgeschichte der Kindheit. Sie hat viele Jahre am Deutschen Jugendinstitut München auf dem Gebiet der international vergleichenden Kindheitsforschung gearbeitet und gilt als Expertin für Bildung in frühen Jahren.
Mit dem Dokumentarfilmer Otto Schweitzer produzierte sie zahlreiche Filme zum Thema Weltwissen. Von Donata Elschenbroich liegen zahlreiche Publikationen vor, insbesondere zur Kulturgeschichte der Kindheit und zu Kindheit und Erziehung in Japan. Die Autorin von Bestsellern wie »Weltwissen der Siebenjährigen« und »Weltwunder« hat drei erwachsene Kinder und lebt in Frankfurt a.M. und München.

Donata Elschenbroich

Die Dinge

Expeditionen
zu den Gegenständen
des täglichen Lebens

GOLDMANN

Verlagsgruppe Random House FSC-DEU-0100
Das FSC®-zertifizierte Papier *Holmen Book Cream* für dieses Buch
liefert Holmen Paper, Hallstavik, Schweden.

1. Auflage
Taschenbuchausgabe September 2012
Wilhelm Goldmann Verlag, München,
in der Verlagsgruppe Random House GmbH
Copyright © der Originalausgabe 2010
by Verlag Antje Kunstmann GmbH
Umschlaggestaltung: UNO Werbeagentur, München
Umschlagabbildung: © by FinePic und Getty Images / Biddiboo
JS · Herstellung: Str.
Druck und Einband: GGP Media GmbH, Pößneck
Printed in Germany
ISBN: 978-3-442-15727-3

www.goldmann-verlag.de

INHALT

I *Zu den Dingen*   11

»Bedeutende Dinge«   16

Weltwissen-Vitrinen   18

Die Dinge entdecken und von ihnen
entdeckt werden, lebenslang   20

II *Dinge im Alltag der Generationen*   25

Puderquaste, Stopfei, Kugelschreiber: Erwachsene
sprechen über Dinge, die ihnen etwas bedeuten   28

Spontane Sammlungen »bedeutender Dinge«.
Eine Liste   39

Was Dinge bedeutend werden lässt:
historisch, sozial, lebensgeschichtlich   44

Seltenheitswerte   48

Eine Häkelnadel in Kirgisien   48

Eine Nähnadel in Maos China   50

»Man kann nicht alles mitnehmen«   51

Nach dem Krieg: Weniger Haben, mehr Sein?   52

Umzüge   54

Vom Anspruch der Dinge: Musikinstrumente   57

Die Dinge in der Depression   59

Die Dinge am Lebensanfang und am Lebensende   61

III *Kinder auf dem Weg zu den Dingen*   69

»Jeder neue Gegenstand, wohl beschaut, schließt
ein neues Organ in uns auf«   72

Eins mit den Dingen: Übergangsobjekte. Stillleben 77
Beseelte Dinge 80
Der Blick der Anderen: Dinge im Dialog 83
Geben und schenken 88
Vom Wert der Dinge: Ware und Eigentum 90
Die feinen Unterschiede 94
Hab-seligkeiten: Sammeln. Der Messi 97
Der spielzeugfreie Kindergarten 100
Dingsda – Was weiß die Sprache vom Ding? 102
Dinge im Hausgebrauch: Eltern als
informelle Lehrer 108
Ist uns nah und zeigt, wer wir sind: Kleidung 111
»Sauberkeiten« 115
Die Pflege der Dinge 118
Patina 120
Hausgebrauch: Alltagsgegenstände in den
Händen der Jüngsten. Eine Auswahl 122

IV *Wunderkammern des Alltags* 127
Die Weltwissen-Vitrine: Eine öffentliche
»Bibliothek der Dinge« 129
Warum »Vitrine«? 130
EXKURS: »Die Erfahrung öffnet den Verstand.« Die
Wunderkammer von August Hermann Francke,
eine historische »Ding-Sammlung« 134
Aus der Weltwissen-Vitrine an den Familientisch 142
Zahnspiegel: Blick ins Innere 145
Wasserwaage (1): Von sich selbst überrascht werden 148
Wasserwaage (2): Wie kann man die Dinge befragen? 151
Pipette: Spannung und Entspannung im Wasserglas 153
Essstäbchen: Kinder bilden ihre Eltern 155
Die Wäscheklammer: Ungelöste Fragen des Universums 157
Stethoskop: Berührt von einem Ding 160

Matrjoschka: Ein Ding, zwei Sprachen   162

Balkenwaage (1): Kinder übernehmen die Regie   164

Balkenwaage (2): Im anatolischen Dorf und in
der Wissensgesellschaft   166

Der Dübel: Väter als Pädagogen   169

Stimmgabel: Auf meinen Ton kannst du dich verlassen   173

Rund um die Weltwissen-Vitrine:
Elternhaus-Aufgaben   176

Die Dinge im Gespräch   181

Die Dinge, gezeichnet   183

Die Dinge in den Ferien   185

V   *Nachwort: Vom Mehr in den Dingen.*   189

Dank   197

Anmerkungen   199

Literatur   203

Was mich in Worten gelehrt wurde, kann ich mit einiger Anstrengung vergessen.
Aber ich könnte nie vergessen, was mich die Dinge gelehrt haben.

Pier Paolo Pasolini[1]

I
Zu den Dingen

Was spielt sich ab zwischen uns und den Dingen? Was lernen wir von ihnen, wie verändern sie uns?

Ohne die Dinge können wir nicht überleben. Aber auch die Dinge brauchen uns. Ohne uns gibt es sie nicht. Nicht nur, weil die Dinge, die wir vorfinden, von anderen Menschen erdacht und gemacht sind. Sondern auch, weil wir von Kind an die Dinge erst für uns entstehen lassen müssen, sie erfahren, bedenken, mit Gesten und Wörtern. Für das neugeborene Kind ist noch alles hell oder dunkel, beweglich oder statisch, warm oder kalt. Ein Kontinuum. Umwelt noch nicht, das wird es erst werden.

Wir sehen die Kinder »von einer Welt der Dinge umstanden«. Aber für die Kinder wird die Welt erst allmählich eine Dingwelt. In aktiver Fühlungnahme kristallisieren sich aus Materialien und Formen die Gegenstände heraus, entsteht erst die Kategorie »Ding«. Hände und Mund sind die Navigationsinstrumente, für die Erwachsenen die sichtbarsten. Aber auch Auge, Ohr und Geruchssinn zeichnen mit an den Karten der Welt. Wiedererkanntes Aufheben, Drehen, Schieben, Rollen, In-Den-Mund-Nehmen; Material erfahren und Kräfte, die in den Dingen wirken. An jedem Tag kommen zehn, zwanzig neue Dinge dazu. Kenne ich dieses? Oder erkennt es mich?

Ein Ereignis nach dem anderen. Immer eingelassen in die Erfahrungen mit den Anderen, mit den Erwachsenen, die im Gebrauch der Gegenstände schon fortgeschritten sind. Sie geben, sie nehmen weg, sie zeigen und kommentieren. Allmählich existieren für das Kind die Dinge auch außerhalb seiner Reichweite.

Dieses Buch handelt von unserem Verwobensein mit den

Dingen, lebenslang. Zu den Anfängen der Begegnung mit den Dingen wird es immer wieder zurückführen. Wie schließen Kinder das Wissen auf, das den Dingen eingeschrieben ist? Wie bauen sich dabei ihr Selbst und ihr Weltwissen auf? Wie helfen wir Erwachsenen ihnen dabei – unwillkürlich –, und wie könnten wir ihnen noch besser helfen?

Ein angenehmes Thema. Man mag gern darüber nachdenken. Weil wir, wenn wir dieses Buch lesen, schon viele rätselhafte Begegnungen mit Dingen überstanden haben. Gestärkt, bereichert daraus hervorgegangen sind. Angeschlossen worden sind an den Erfindungsreichtum der Menschheit, oder, in den Worten von Karl Marx, zu lesen gelernt haben in der materiellen Kultur »wie in einem aufgeschlagenen Buch der menschlichen Wesenskräfte«[2]. Das ist das eine. Aber nicht nur die Kinder sind umstanden von den Gegenständen, den unverzichtbaren und den überflüssigen; auch uns selbst drängen sich die Dinge auf, lebenslang, und immer wieder auch die Frage danach, wie wir es mit ihnen halten. Besonders in dingintensiven Zeiten wie Umzügen, bei Haushaltsauflösungen, in der Weihnachtszeit.

Warum sich zurücktasten zu den frühen Erlebnissen mit den Dingen? Damals, in der »Kindheit der Erfahrung«, war mehr angelegt, als wir ins Erwachsenenleben mitnehmen konnten. Waren die Dinge damals nicht vieldeutiger, geheimnisvoller, abenteuerlicher? Wie auch die Zukunft des Kindes eine ungewissere, abenteuerlichere ist als die der Erwachsenen. Pragmatisch, wie wir unvermeidlicherweise geworden sind, haben wir viele Dinge auf konventionelle Bedeutungen und Funktionen eingeschränkt und uns den Sachzwängen unterworfen. Wir können uns nicht ständig bei unseren Lebensgeschäften ablenken lassen vom Mehr in den Dingen!

Und doch haben auch wir erfahren, dass wir einer übermächtigen Dingwelt nicht nur ausgeliefert sind. Wir müssen uns nicht nur anpassen an die Funktionslogik der Gegenstände. Wenn wir etwas in die Hand nehmen, können wir oft etwas verändern, die Dinge und uns selbst.

Den Kindern bei ihrer Begegnung mit den ersten Gegenständen zuzuschauen und darüber nachzudenken ist eine entspannende Beschäftigung. Wir Erwachsene sind ja nicht nur von übervielen Dingen bedrängt, sondern mehr noch von übervielen Informationen. Da tut es wohl, aus virtuellen Welten umzusteigen in eine Welt der physischen, der handgreiflichen Dinge. Hier und jetzt.

Wir werden in diesem Buch also immer wieder fragen, wie das Kind die Dinge für sich entdeckt, ihr Entgegenkommen, ihren Widerstand. Und dabei zugleich von ihnen entdeckt, aufgefordert wird. Belebt – unbelebt: Gibt es Grenzen zwischen meiner Hand und dem Greifling? Zwischen mir und dem geliebten Teddy? Und: »Dingsda« – was weiß die Sprache vom Ding? Später: Man muss lernen zu geben – im Rahmen eines Spiels –, und zu schenken. Und beides zu unterscheiden, weil den Dingen Werte zugeschrieben werden, weil sie auch als Waren zu behandeln sind. Und nicht nur ihre Bedienung mit den angemessenen Handgriffen bilden wir von Kind an aus, sondern auch die dazugehörigen Gesten, addiert zu einem Habitus, der verrät, zu welcher Klasse, zu welcher sozialen Gemeinschaft wir gehören oder gehören wollen. Vom Mehr in den Dingen wird die Rede sein, das zum Kind spricht, das auch aus den Märchen spricht und lebenslang in unseren Träumen. Davon wissen besonders diejenigen, die sich auch als Erwachsene eine feine Membran für die Schwingungen der Dinge erhalten haben, die Künstler und die Dichter.

Und wie die Dinge für uns im Lauf unseres Lebens nicht dieselben bleiben, wie sie anders zu uns sprechen, wenn wir älter werden! Sie können uns entgleiten, sich gegen uns kehren oder uns vielleicht ganz besonderen Beistand leisten. Und wie manche Dinge uns durch ihre Überlegenheit einschüchtern! Uns mitleidslos vorführen, dass unser Talent nicht ausreicht, ihnen gerecht zu werden, dass unser Leben zu kurz ist für alle Dinge. Und wie ist es, wenn die Dinge uns vor Augen stehen, aber wir kommen nicht an sie heran? In der Armut, in einer Depression. Oder nach den Zerstörungen der großen Kriege.

Selbstherrlich haben wir uns daran gewöhnt, dass im Lauf eines Lebens abertausend Dinge, von anderen Menschen gemacht, in unserem Alltag auftauchen und wieder daraus verschwinden, verbraucht, in Müll verwandelt. Gelegentliches Erschrecken: Viele Dinge werden uns überleben, wir sind ihnen gleichgültig. In andere schreiben wir uns ein mit unseren menschlichen Gebrauchsspuren. Oder wir hüten sie, investieren Sorgfalt in ihr Überleben, um sie als Erbe in andere Hände weiterwandern zu lassen.

Die Dinge zeigen uns, wer wir sind. Und mit den Kräften und dem Wissen, das wir mit ihrer Hilfe aufgebaut haben, haben wir sie verändert, oft verbessert, und sie von Generation zu Generation fleißig vermehrt.

»Bedeutende Dinge«

In Workshops mit Erwachsenen verschiedener Generationen und Berufe haben wir Erinnerungen an die frühen Begegnungen mit den Dingen aufgerufen. Die Teilnehmer waren gebeten worden, einen Gegenstand mitzubringen, der in ihnen starke Gefühle und offene Fragen auslöst. Über welche Kräfte in Werkzeugen und Instrumenten hat man sich als Kind gewundert? Welche Dinge wollte man nicht hergeben, welche waren eklig, welche verheißungsvoll? Welche sehen wir heute mit anderen Augen als damals? Welchen Gegenstand würden wir heute gern genauer mit einem Kind untersuchen? Es entstand dabei jedes Mal eine kleine Ad-hoc-Ausstellung, und die

Liste der »bedeutenden« Alltags- und Sonntagsdinge – Haushaltsgegenstände, Werkzeuge, Fundstücke, Souvenirs, aus dem täglichen Gebrauch verschwundene Gegenstände – wurde länger und länger.

Mit dem Eierschneider, dem Ballettschuh, dem Flötenputzer in der Hand fiel es leicht, sich zurückzuversetzen in eine Zeit, als die Grenzen zwischen Ich-Welt und Dingwelt fließend waren. Aber von den insgesamt fast tausend Teilnehmern an diesen Workshops haben nur wenige einen Gegenstand mitgebracht, an den sie offene Fragen hatten, ein Ding, über dessen Innenwelt, über dessen Funktionieren sie gern Genaueres gewusst hätten. Da scheinen es sich die Erwachsenen bequemer zu machen als die Kinder, für die die Fragen nach den Kräften, die in einer Wäscheklammer wirken, noch nicht abgelegt sind.

Viele Lektionen der Dinge sind uns als Erwachsene nicht mehr bewusst, weil der Umgang mit ihnen unwillkürlich und achtlos geworden ist. Im kindlichen Interesse an den Kräften in den Dingen, ihrem Eindringenwollen – neuerdings Kaputt-Experimente genannt –, erkennen wir ein ursprüngliches *Wissenwollen*.

Das ist nicht nur ein Lernprozess, der, durch Dinge angestoßen, von selbst in Gang kommt und nach eigenen Gesetzen abläuft. Die Sachforschung des Kindes ist immer zugleich auch Sozialforschung: Was meint die Mutter, was sagen die anderen Menschen dazu? Die sozialen Bedeutungen, die Gesten des Anderen sind dem Ding eingeschrieben, und in der »triangulären Kommunikation« zwischen Kind-Ding-Erwachsenem erschließt sich ihr Sinn. Im Alltag geschieht das vor allem unwillkürlich, und den Eltern ist kaum bewusst, wie viel kognitiven Beistand sie ihren Kindern als informelle Bildungsbegleiter in den ersten Jahren ständig leisten. Von der Brust zur Flasche zum Becher … der Schuh für den rechten und für den linken Fuß ... Zahnbürste, Laufrad und Regenschirm. (Am Beispiel der Kinderkleidung wird das genauer beschrieben werden.) Was kann man tun, damit diese Familienkommunikation über die interessanten Alltagsgegenstände nicht in der späteren Kindheit versiegt, kann man sie aktivieren, wiederbeleben, ausdehnen?

Den Gedanken erweckenden Umgang (Martin Wagenschein) mit den Dingen wird das Buch an Beispielen beschreiben. Wie er zur Gewohnheit werden und fortentwickelt werden kann, beim Tun und bei den Gesprächen daheim und in den Ferien. Die Erwachsenen müssen sich bei diesen Expeditionen zu den Gegenständen des täglichen Lebens einlassen auf ein physisches Denken, nahe am Ding. Aus dem vielen Zeug um uns herum, dem Krimskrams in Schränken und Garagen, den Neuanschaffungen und dem Müll werden wir uns mit den Kindern zusammen immer wieder einen Gegenstand vornehmen, der die Wunderkammern des Alltags öffnet.

Weltwissen-Vitrinen

Diese Idee wurde ausprobiert mit »Weltwissen-Vitrinen« oder »Wunderkammern des Alltags« in Kindergärten und Grundschulen.[3] Pädagogen und Eltern stellen Sammlungen von alltäglichen oder rar gewordenen Gegenständen in Schaukästen (»Vitrinen«) im Eingangsflur bereit, zum Ausleihen an den Familientisch daheim.

Warum »Vitrine«? Die Dinge werden aus ihrer Tagtäglichkeit gelöst. Vor einen Spiegel gestellt oder beleuchtet sind die Wasserwaage, das Waschbrett, die Stimmgabel, die Essstäbchen wie von einer Aura umgeben.

Ein Gegenstand wird von Eltern und Kindern eine Zeit lang ausgeliehen, daheim bespielt und ausprobiert. Manchmal ist dem Ding – dem Werkzeug, dem Instrument, dem Fundstück – eine kleine »Elternhaus-Aufgabe« beigelegt. Die Erwachsenen müssen bei diesen Expeditionen nicht mehr wissen als die Kinder. Und sie sollen den Kindern möglichst oft die Regie überlassen. Einige Notizen zu den Erkenntnissen und Gesprächen gehen ein ins Portfolio, in das Bildungstagebuch des Kindes. Dann wandert das Ding – »Gemeinschaftseigentum« – wieder zurück zu den anderen.

Forschertische, Erfinderwerkstätten und Experimentierecken gibt es mittlerweile in vielen Kindergärten und Grundschulen. Aber nur wenn zu Hause weiter geforscht und gefragt wird, kann ein Kind das Lernen als einen Teil seines Lebens erfahren. Was in Kindergarten und Schule gelernt wird, wirkt erst in seiner Fortsetzung im Alltag, in der Familie. Das Elternhaus gilt mehr denn je als der entscheidende Bildungsort, der das institutionelle Lernen begleiten und verstärken muss. Und Elternhäuser können Wunderkammern des Alltags sein.

Über einen Zeitraum von zwei Jahren (2008–2010) haben der Dokumentarfilmer Otto Schweitzer und ich mit der Kamera in über vierzig Elternhäusern zugeschaut, was in Gang kam, wenn ein Gegenstand, eine Balkenwaage, ein Stethoskop, ein Zahnspiegel aus der Weltwissen-Vitrine nach Hause mitgenommen wurde. (Einige Beispiele werden im Buch geschildert.) Die Kinder besuchten die baden-württembergischen Bildungshäuser, in denen Kindergärten und Grundschulen versuchsweise eine gemeinsame Pädagogik für Kinder von drei bis zehn Jahren entwickeln. Viele Kinder kamen aus sogenannten bildungsfernen Familien mit Migrationsgeschichte oder aus Familien, die in Armut leben. Die Eltern waren spontan einverstanden, dass wir sie mit der Kamera begleiteten, und die Bildungsanregungen in den Alltagsgegenständen griffen diese Familien auf, als hätten sie nur darauf gewartet.

Ein Jahrzehnt öffentlicher Werbung von Wissenschaft und

Politik für die frühkindliche Bildung liegt hinter uns. Über das hohe Bildungspotenzial der frühen Jahre braucht man heute kein Wort mehr zu verlieren. Keine Ansprache eines Bürgermeisters oder Präsidenten einer Industrie- und Handelskammer, in der nicht auf die überragende Bedeutung hingewiesen wird, die die Elementarbildung für die Schullaufbahn und den Berufserfolg hat. Doch noch längst sind nicht alle Kindergärten in Deutschland zu interessanten Bildungsorten geworden wie andere Kindergärten, in denen mit Wasserwerkstatt, Theaterpodium, Großbaustelle im Garten, Schreibecke, Waldtagen, Erfinderklubs, Kinderkonferenzen neue Wege auf der Höhe der Zeit gegangen werden. Aber man kann heute davon ausgehen, dass die Eltern aller Schichten hohe Bildungserwartungen für ihre Kinder haben. Durch die vielen Elternzeitschriften, die Elternratgeber, die öffentlich von Stiftungen prämierten Projekte werden die Erwartungen an Bildungsqualität in Kindergärten und Elternhaus ständig gesteigert. Eltern können dabei unter Druck geraten, ihr Kind in einem Frühförderbereich nach dem anderen zu optimieren. Kommt jetzt schon wieder ein neuer elementarpädagogischer Förderbereich – eine »Ding-Pädagogik« – auf die Eltern zu? Dieses Buch hält dagegen, dass die Auseinandersetzung mit den Dingen nicht nur die *Kinder* interessiert. Die Dinge beschäftigen unsere »Wesenskräfte« (Karl Marx) auf die ihnen eigene anspruchsvolle Weise auch in der Mitte des Lebens und an seinem Ende.

Die Dinge entdecken und von ihnen entdeckt werden, lebenslang

Aus der Forderung nach der Vereinbarkeit von Beruf und Familie höre ich mehr heraus als nur den Anspruch, durch einen Ausbau der Kinderbetreuung während der Arbeitszeit entlastet zu werden. Da ist auch der Wunsch, das Leben mit Kindern und die eigene persönliche Weiterentwicklung als eine Wechselbeziehung zu erfahren. Eltern an der Schwelle zur Lebensmitte wollen nicht nur in der Erziehung ihrer Kinder aufgehen, sie wollen nicht abgedrängt sein von den Fragen der Zeit, von Literatur und Kunst, von der öffentlichen Diskussion. So spricht es aus vielen Romanen der vergangenen Jahre.[4] Zwar muss man im Zusammenleben mit jüngeren Kindern viel zurückstellen, kann den Kontakt zu all den Neuerscheinungen, den Filmen nicht halten, und woher die Zeit nehmen für ein längeres Gespräch mit einem kinderlosen Kollegen oder mit einem interessanten älteren Menschen aus der Nachbarschaft? Nicht nur die Zeit fehlt; auch die geistige Energie, wenn die Babys Besitz ergriffen haben von den Gesprächsthemen: Durchschlafen, die Angebote im Drogeriemarkt, der Krippenplatz. Die Eltern werden sich in ihrem Alltag mit den Kindern selbst oft langweilig. Aber ihre philosophischen Fragen nach dem Sinn des Ganzen und nach ihrer eigenen, erwachsenen Sicht auf die Dinge sind nur vorübergehend zurückgestellt. Eltern brauchen den Anschluss an die Lebenswelt von Erwachsenen aller Generationen. Die Kinder sollen nicht zum Nabel der Welt werden. (Es täte auch ihnen nicht gut.)

Wenn wir den Kindern zuschauen, wie sie die Gegenstände explorieren, erinnern wir uns oft an diese Gegenstände aus unserer Kindheit. Aber wir schweifen auch ab in Gedanken – wie halten wir es selbst mit den Dingen? Im Kinderzimmer stolpert man über Spielzeug, das oft das Spielen weniger zeugt als behindert. Aber wie steht es um unser eigenes Verhältnis zu den tausend Dingen, die in unserem Alltag auftauchen und wieder verschwinden, mit unserem lebenslangen Habenwollen? Wir konsumieren, wir horten, und wie oft fühlen wir uns von den Dingen nicht nur bereichert, sondern von ihren Ansprüchen unterdrückt. Der Einjährige schwingt beim Gefüttertwerden den eigenen Löffel, und seine Begeisterung ist ansteckend. Aber wie wird es weitergehen mit der eigenen Bestecksammlung, fragen wir uns beim Umzug, werden wir jemals noch Einladungen geben mit mehr als zwölf Gedecken? Und wie viel Besteck kann die Mutter sinnvollerweise mitnehmen ins Seniorenheim? Beim Umzug zucken wir zusammen, wenn der Packer auf unsere Bodenvase zugreift, aber er hat recht, die Empfindlichkeit der Kundschaft ist ihm egal, dafür ist er nicht angestellt. Fühlt sich ein Kind ähnlich angegriffen, und ist es auch so allein mit diesem Gefühl, wenn wir in seinem Zimmer sein Bauwerk abräumen?

Solche Empfindungen funken dazwischen in der »triangulären Kommunikation« zwischen Kind-Ding-Erwachsenem. Wir schauen uns mit einem Dreijährigen einen Schuhlöffel genauer an und stellen ihm das Ding vor als eine praktische Erfindung, mit der seine Ferse leichter in den Turnschuh rutscht. Und plötzlich sehen wir den Schuhlöffel auf dem Handrücken der achtjährigen Klavierschülerin, eine unangenehme Kindheitserinnerung, erzählt von der Tante. Solche Rahmenverschiebungen und Bildersprünge gibt es auch immer wieder in diesem Buch.

Der Ruf, der Appell der Dinge erreicht uns auf vielen Ebenen des Bewusstseins. Während der Arbeit an diesem Buch habe ich einige Monate mehr geträumt als sonst. Oder vielleicht das Geträumte im Wachen besser erinnert, es deutlicher aufrufen können. Dann kam es mir oft so vor, dass die Angehörigen unterschiedlicher Generationen sich im Umgang mit den Dingen gar nicht so gewaltig unterscheiden. Die Kinder gehen frischer auf die Dinge zu, die den Erwachsenen im mittleren Alter geheimnislos bekannt erscheinen. Aber der Schein trügt, im Traum kann eine Wäscheklammer ein Widersacher werden, oder vielleicht ein unerwartetes Geschenk. Und im Wachen, wenn wir mit dem Kind näher an eine Wäscheklammer herangehen, stellen wir fest, dass wir gern noch einmal darüber nachdenken, was das Ding tut, was es »kann«, was die besondere Kraft dieser Spirale in seiner Mitte ausmacht. Rätselhaft ist es wie damals, wir können es dem Kind nicht ein für alle Mal erklären! Und betrachten nicht gerade auch die Menschen im höheren Alter die Alltagsgegenstände oft ähnlich intensiv aufmerksam wie in der Kindheit?

Zu den Kindern wird das Buch dann immer wieder zurückkehren. In der Kommunikation mit ihnen können wir uns neu anschließen an die Dinge als »Batterien des Lebens« (Rilke)[5].

Wir werden dabei den Kindern oft dankbar sein. In unserer virtualisierten Lebenswelt deuten sie für uns auf die Dinge, auf eines nach dem anderen. Die Kinder bringen die Dinge in unser Leben zurück.

II

Dinge im Alltag der Generationen

Kein anderer Gegenstand im Haus, nicht einmal wir selber, waren uns jemals so wichtig wie unser Taschentuch. Es war universell nutzbar für Schnupfen, Nasenbluten, verletzte Hand, Ellbogen oder Knie, Weinen und Draufbeißen und das Weinen unterdrücken. Ein nasses kaltes Taschentuch auf der Stirn war gegen Kopfweh. Mit vier Knoten an den Ecken war es eine Kopfbedeckung gegen Sonnenbrand oder Regen. Wenn man sich etwas merken wollte, machte man sich einen Knoten als Gedächtnisstütze ins Taschentuch. Zum Tragen schwerer Taschen wickelte man es um die Hand. Flatternd wurde es Abschiedswinken, wenn der Zug aus dem Bahnhof fuhr. Wenn im Dorf einer zuhause starb, band man ihm sofort ums Kinn herum ein Taschentuch wenn die Leichenstarre fertig ist. Wenn am Wegrand in der Stadt einer umfiel, fand sich immer ein Passant, der dem Toten das Gesicht zudeckte mit seinem Taschentuch, so war das Taschentuch seine erste Totenruhe.

HERTA MÜLLER[6]

Wir wissen nicht, wie es ist, ein Kind zu sein. Jetzt, wenn wir darüber nachdenken, ist die Kindheit vorbei. Was wir beobachten, spiegelt immer das, was wir als Erwachsene fragen. Wenn wir einem acht Monate alten Kind zuschauen, wie es im Pinzettengriff ein Post-it-Blöckchen ausdauernd hin und her wendet, ist uns, als untersuchten auch wir dieses spannende Etwas zum ersten Mal. Aber das ist eine empathische Täuschung. Wir beobachten, wir fühlen uns ein, wir deuten aus der Perspektive unseres gegenwärtigen Lebens, es geht nicht anders. Das Post-it-Blöckchen ist für uns ein Erinnerungshelfer beim Multitasking. Von solchen komplexen Anforderungen des Erwachsenenlebens können wir nicht absehen, aber das Kind weiß davon nichts. Mehr als uns bewusst ist, sind die Kindheitserinnerungen gelenkt durch unser Lebensgefühl als Erwachsene, es sind Selbstgespräche hier und jetzt. Erst recht, wenn die Fühler in die vorsprachliche Zeit reichen sollen, in eine Zeit, als noch jedes Ding ein Ereignis war.

Beginnen wir also bei den Erwachsenen und schauen uns Dinge an, die ihnen etwas bedeuten. Wir haben ja reichlich Gegenstände um uns, von denen wir abhängig sind, denen wir dankbar sind, andere sind uns kostbar, rätselhaft oder zuwider – kurz, die Dinge rufen das Spektrum aller möglichen Gefühle auf.

Der Kaffeefilter ruht auf der Öffnung der Kanne, aufnahmebereit. Gelassen sickert das Wasser durch das Papier, meldet zufriedenes Tropfgeräusch, verbreitet Duft und verwandelt sich in heißen Kaffee. Guten Morgen. Mir kannst du vertrauen, ich unterstütze dich. Heute wird alles gut laufen.

Und tückisch können sie sein, die Dinge. Der Tacker, oft greift man mit ihm ins Leere. Wieder hat er alle Klammern selbst verschluckt. Oder er klemmt sie verbogen in seine Gewinde, auf Umwegen, die nur er kennt. Das gehässige Ding, verstockt blickt es den Benutzer an: Von dir lasse ich mir nichts sagen. Verschwinde!

Puderquaste, Stopfei, Kugelschreiber: Erwachsene sprechen über Dinge, die ihnen etwas bedeuten

In Workshops zum Thema »Weltwissen-Vitrinen« wurden die Teilnehmer gebeten, einen Gegenstand mitzubringen, der ihnen etwas bedeutet. Ein Ding, das in ihnen starke Gefühle auslöst, an das sie offene Fragen haben, ein Ding, über das sie gern mit einem Kind in Kommunikation treten möchten.

Die meisten Teilnehmer hatten ein Ding gewählt, mit dem

sie Kindheitserinnerungen verbanden. Um einen Gegenstand charakterisieren zu können, möchte man offensichtlich erst einmal zurückverfolgen, wie sich die erste Begegnung angefühlt hat. Ein biografischer Filter schiebt sich wie von selbst vor die Betrachtung des Dings. Die amerikanische Medienwissenschaftlerin Sherry Turkle hat Kulturwissenschaftler, Medienwissenschaftler und Erziehungswissenschaftler der renommierten amerikanischen Universitäten um eine Charakterisierung eines für sie interessanten Gegenstands gebeten. In fast allen Beiträgen der Autoren und Autorinnen kreisen die Beschreibungen ihres »evocative object«[7] um Kindheitserinnerungen, als sei dies die wichtigste Dimension.

Könnte man bei der Betrachtung eines interessanten Objekts nicht auch einen anderen Filter vorschieben, aktuelles Sachinteresse zum Beispiel? Das war selten. Hat es damit zu tun, dass die Dinge und die Kommentare, die hier wiedergegeben werden, mehrheitlich von Frauen und von Erziehenden – Eltern, Erziehern, Großeltern – stammen? Würde man einen solchen Workshop auf einer Jahrestagung der Steuerberater oder beim Weihnachtsfest der Freiwilligen Feuerwehr veranstalten, wären die Ergebnisse sehr anders?

Die Teilnehmer setzten sich zunächst zu zweit oder zu dritt zusammen und stellten einander ihr »bedeutendes Ding« vor. Wenn man auf einer Fachtagung einen Alltagsgegenstand aus der Tasche zieht, gibt man etwas von sich zu erkennen. Das möchte man auch, man hat ja vorher zu Hause überlegt, was das Ding auch über einen selbst aussagen wird. Aber so ein Ding ist vieldeutig. Was werden die anderen Teilnehmer an ihm bemerken?

Aus einer runden Pappschachtel wird vorsichtig ein handtellergroßes Knäuel aus Daunen gezogen. Auf der weißen Fläche des Arbeitstisches bewegen sich schwebende Flaumfedern, Tentakeln gleich, im Luftzug. Eine Puderquaste. Nicht neu, etwas vergilbt und verstaubt, altrosa sozusagen. Das war ein Geschenk zu meiner Konfirmation, vor über vierzig Jahren, erzählt seine Besitzerin. Geschenkt von meiner eleganten Tante, die ich sehr bewundert habe. Mit diesem Ding als Geschenk hatte die Patentante einiges riskiert. Als Konfirmationsgeschenk war es unpassend, frivol. Die Großmutter machte ihren schmalen Mund. Zur Konfirmation schenkte man die Uhr, auf jeden Fall etwas Gehaltvolles. Einen hochwertigen Füller. Einen Bildband über Franz Marc. Wollte die Tante die spießige Verwandtschaft provozieren, wollte sie mit diesem Ding zeigen, dass sie eine andere, eine Extravagante war, und wollte sie die Nichte auf ihre Seite ziehen? Eine Konfirmation war ja ein *rite de passage*, wie man später sagen würde, ein Übergangsritual. Vorhang auf für ein junges Mädchen auf der Schwelle zum Erwachsenenleben.

Wenn das Ding provozieren sollte, dann kam die Botschaft an. Das Geschenk hatte die Tante in den Mittelpunkt gerückt, es wurde von jedem aus der Verwandtschaft kommentiert. Für das junge Mädchen war dieses zauberhafte Ding verwirrend und sperrig zugleich. Es passte nicht in ihr Leben, nicht zum Turnbeutel und nicht zum Klappbett im Kinderzimmer. Das Verführerische des Dings entging ihr nicht. Es erzählte von einer Welt der Luxusgeschöpfe, von Dekolletés und Theatergarderoben. Mit der Puderquaste übers Gesicht gestreichelt – durch die Berührung schien die Haut zarter geworden zu sein. Aber dieses Ding lockte mit einem Lebensstil, den die Verwandtschaft ablehnte. Das junge Mädchen begriff: Mit Geschenken ist nicht zu spaßen. »Ich habe sie nie benutzt. Aber wenn ich alte Filme sehe, meine ich, da kenne ich mich ein bisschen aus, weil ich selbst eine solche Puderquaste habe.«

Der Flaum bewegt sich. Vor langer Zeit war da einmal etwas lebendig. Die Gesprächspartnerin wechselt auf eine andere Spur. Man kann mit einem Kind auch überlegen, welche

Dauen sind das, von welchem Tier, von welcher Stelle am Tier? Und wie wird so etwas hergestellt, wie werden die Daunen befestigt, und wer hat das gemacht? Wo auf der Welt, vielleicht in Heimarbeit, vielleicht sogar von Kindern?

Und wozu benutzen Frauen überhaupt Puder, gefärbten, haftenden Staub im Gesicht? Die Nase soll nicht glänzen, hatte die Tante erklärt. Heute benutzt man dafür flüssiges Make-up. Flecken in der Haut heißen Unreinheiten, die soll man »abdecken«, das klingt nach einem technischen Vorgang und ist überhaupt nicht mehr extravagant. Make-up kommt aus der Tube wie die Zahnpasta, nüchtern, geradezu hygienisch.

Vielleicht würde ein Kind auf die Bewegungen der Federn zu sprechen kommen? Was bewegt den Flaum, eine Luftströmung um uns herum, und die Haut des Menschen ist nicht sensibel genug, um sie wahrzunehmen. Strömungen um uns, die wir nicht fühlen, aber das Ding fühlt sie! Man kann sich versuchsweise in das Ding hineinversetzen. Die Augen schließen und ein Ding von innen werden, so wie es die *Jeux dramatiques*[8] mit Kindern anregen. Kindern mit ihrer feinen Membran zu den Dingen fallen diese Verwandlungen leichter als den erwachsenen Mitspielern. Die Puderquaste werden sie beide danach nie vergessen.

Oder, letzte Frage, auch das interessiert die Gesprächspartnerin: Wie lange wird die Besitzerin dieses Ding eigentlich noch aufbewahren?

Auch sie präsentiert jetzt einen Gegenstand aus ihrer Kindheit, ebenfalls handtellergroß, eine kleine Platte aus elfenbeinfarbenem Bakelit mit einer eiförmigen Mulde. An einer Schiene ist eine Leiste mit Drähten befestigt, mit der man ein in die Mulde gelegtes hartes Ei in dünne Scheiben zerlegen kann. Ein Eierschneider. »Das hat in mir immer ein Wohlgefühl ausgelöst, es ging mir durch und durch, wie akkurat der das Ei zerteilte. Lautlos! Und auf den Saiten konnte man Töne zupfen.«

Es steigen Bilder auf aus einer deutschen Teppichstangen-Kindheit der Wirtschaftswunderjahre, die Stimmung vor der Abendeinladung, wenn die Schnittchen garniert wurden aus der Mayonnaise-Tube und mit Sardellenpaste. Das soziale Leben hatte damals eine geregelte Ästhetik. Ist dieses Ding für diesen Zweck genial erfunden, hat sich ein Ingenieur da etwas Raffiniertes ausgedacht? Waren damals die Eier vielleicht etwas Besonderes, waren sie vergleichsweise teurer als heute? Waren die Saiten eigentlich rostfrei, und war das Ding überhaupt hygienisch? Das hat man sich damals nicht gefragt. Ist das Ding aus Zufall heute so gut wie verschwunden, oder zu Recht? Was könnte ein Kind an diesem Gegenstand interessieren? Vermutlich auch dieses besondere Materialerlebnis, das präzise Zerlegen von einem Ei in dünne Scheiben. Was würde es dabei lernen? Dass man auch mit Draht schneiden kann, nicht nur mit der Schere oder mit der Messerklinge, auch anderes Material auf diese Weise schneiden kann, Käse, Ton. Und die Gitarre kann man ins Gespräch bringen, von dieser Minigitarre zum richtigen Instrument überleiten.

Das Kind würde vielleicht, angeregt vom Eierschneider, auch Interesse an anderen merkwürdigen Küchengegenständen entdecken. »Die kleinen Helfer«! Und jetzt fallen sich die Gesprächspartnerinnen ins Wort: Der Entkerner, der Fleischwolf, der Staubwedel, der Radischneider, der Nudelhobel, das Handrührgerät, das Tee-Ei, die mechanische Kaffeemühle – das gibt schon ein ganzes Regal für eine Weltwissen-Vitrine. Und was können moderne Haushalte, inzwischen multikulturell, beisteuern? Essstäbchen, Spaghettizange, den Stempel zum Ausstechen von Ravioli, die Bastmatten zum Sushirollen ... Küchen können Wunderkammern aus aller Welt sein.

Am Nachbartisch sitzen sich ein Grundschulrektor und eine Kindergartenleiterin gegenüber.

Letztere legt auch etwas aus ihrer Kindheit vor, auch eiförmig, aber größer als ein Hühnerei. Rot lackiert, mit Gebrauchskratzern. Das Ding schaukelt leicht auf seinem Drehpunkt und blickt freundlich in die Runde. Der Gesprächspartner fühlt sich haptisch angesprochen und nimmt den Gegenstand in die Hand. Aus Holz, fühlt sich glatt und warm an. Ein Stopfei! Das ließ man einst in Socken oder Ärmel gleiten, umfasste den Stoff darunter, spannte das Gewebe ums Loch, das Stopfei leuchtete rot hervor, dann begann das Weben im Kleinen. Mit der Stopfnadel, der dicksten im Nadelkissen, die mit der stumpfen Spitze und dem großen Öhr, für den Wolltwist oder die Stopfwolle, die im Handarbeitskasten oder in einer Pappschachtel zur Wahl stand, meist in dunkleren Farben. Dieses Stopfen war kein rasches Zusammenziehen; man stellte tatsächlich ein Ersatzgewebe her. Sie hat als Kind gern zugeschaut und sich gern anlernen lassen. Die wellenförmige Bewegung! Die Teilnehmerin verfällt sofort in die Geste und bewegt eine unsichtbare Nadel auf und ab. Wenn alles glattging und die Arbeit beendet war, bemühte sich das Auge der Stopferin, den Unterschied zum echten Gewebe zu verwischen. Dann konnte es ganz passabel wirken, fast wie heil. Erhalten jedenfalls war dieser Kniestrumpf, und noch eine Zeit lang brauchbar. »Es war, wenn ich mich richtig erinnere«, sagt die Besitzerin, »gar nicht so peinlich, gestopfte Socken oder eine am Ellenbogen gestopfte Strickjacke zu tragen.« Zwar trug man am Sonntag möglichst nichts Gestopftes, nur am Werktag. Aber man sah dem reparierten Ding an, dass man aus einem ordentlichen Haushalt kam, in dem eine Könnerin sich der Sachen annahm. Man wusste damals auch, dass es den Laufmaschen-Express und das Kunststopfen gab. Das war ein höheres Fach, da arbeiteten Professionelle, die konnten Muster ins Gestopfte einwirken. Dem Grundschulrektor fällt ein, dass die Worte Text und Textur nah beieinanderliegen. Etwas weben sei demnach auch ein wenig wie einen Text verfassen? Und klingt in »bewirken« nicht auch das »Wirken« nach, eine andere Technik der Erzeugung von Gewebe? Es war jedenfalls keine ganz unbeliebte Haushaltstätigkeit, erinnert sich die Teilnehmerin, die Stopferinnen wirkten dabei nicht gestresst. Vielleicht tatsächlich deshalb, weil sie etwas Neues herstellten. Aber vorbei! Kein junger Mensch kann heute stopfen, braucht heute stopfen zu können. Kaputte Socken wirft man weg, oder sie kommen in die Schuhputzschachtel, wo es aber auch meist schon zu viele von ihnen gibt. Die Jeans haben Löcher und ausgefranste Säume, aber das ist Design und keine Aufforderung zum Stopfen. »Das Stopfei macht mich ein bisschen traurig. Als wären so viele gute Dinge umsonst erfunden worden.« Und doch, was ein *Gewebe* ist, sollte auch heute jeder Mensch wissen. Also unbedingt ein Thema für eine Vitrine: Verschiedene Stoffe mit Löchern oder Rissen ausstellen, dazu den Nadeleinfädler, den Fingerhut und Knöpfe aller Art. Diese Knöpfe, die eine auf den Bruchteil eines Millimeters genaue Nadelführung erzwingen, oft zum Verzweifeln genau erzwingen! Das, entscheiden die beiden Pädagogen, sollte doch jeder allgemein gebildete Mensch heutzutage können: einen Knopf annähen.

Der Gesprächspartner legt einen Kugelschreiber auf den Tisch. Ein Werkzeug, kaum eines wird heute öfter gebraucht, öfter bestimmt als ein Hammer, öfter vielleicht sogar als ein Löffel. Millionen Schüler verwenden ihn täglich. Man schreibt mit diesem Alltagsgerät und Bildungsgerät alles, die Einkaufsliste, die Telefonnummer, ins Tagebuch. Kaum ein Gegenstand ist universeller. Das Ding kostet heute fast nichts mehr, man kann es geschenkt bekommen wie das Salz in der Kantine. (Nur die Banken legen ihre Kugelschreiber an die Kette. Vielleicht wollen sie ihre Milliardenverluste durch besondere Sparsamkeit wieder hereinholen.) Wenn man sich in der Bahn von einem Mitreisenden einen Kugelschreiber ausleiht, will der ihn beim Aussteigen meist nicht zurücknehmen, nein, nein, den können Sie behalten.

Eine Erfindung, auf die man eigentlich gewartet hat. Das Ding ist robuster als eine empfindliche Feder, man muss es nirgends eintunken, es schreibt viele Stunden und Seiten, kilometerlange Striche, ohne dass man nachtanken muss. Die Schrift verwischt nicht, muss nicht getrocknet – gesandet, geblasen – werden. Es kostet keinen Strom, macht nicht abhängig wie vielleicht der Computer. Warum nur sind die Dinger so billig? Eine technologische Höchstleistung, aber zu unbeschreiblich niedrigem Preis. Und fragt sich überhaupt noch jemand, wie das Ding funktioniert? Kein Handwerker, kein Lehrer könnte einen Kugelschreiber selbst herstellen. Weiß ein Kind überhaupt, ob da tatsächlich eine Kugel wirkt? Oder ist es vielleicht wie mit dem Bleistift, der gar kein Blei enthält, enthalten darf?

Die Teilnehmerin gesteht, sie würde beim Kugelschreiber als Erstes an die Feder denken, an den Mechanismus und an das klickende Geräusch. Aber das ist äußerlich, ist Verpackungsform. Die vor allem kennen die Kinder heute, die Lillifee auf dem rosa Kugelschreiber, oder den Leuchtkugelschreiber und den mit dem eingebauten Glasfenster. Wie das Ding funktioniert, da muss eine Untersuchung her. Und ein Gespräch! entscheiden beide Pädagogen. Den Kugelschreiber auseinandernehmen und die einzelnen Teile zeichnen, sie abzeichnen, sie aus dem Gedächtnis zeichnen, und danach den Kugelschreiber wieder zusammensetzen! Dann ist das Ding vertraut geworden, und das Kind hat etwas Wichtiges erfahren, es hat herausgefunden, was unter einer Oberfläche wirkt. Beide beglückwünschen sich zu dieser nützlichen Erfindung, die, wie übrigens auch der Bleistift, den PC überlebt hat. In eine reiche Dingwelt ist man hineingeboren, man kann eigentlich von Glück sagen.

Am Nebentisch blicken drei Teilnehmerinnen auf eine Schachtel aus Pappe. Braun, quadratisch, sozusagen der Prototyp einer Schachtel. »Die hat für mich das richtige Maß. Nützlich wirkt sie auf mich, ohne dass ich sagen kann, wofür. Einfach nur nützlich, jetzt und immer!« Die Erzieherin gesteht, dass sie beim Schuhkauf nie auf die Schachtel verzichten kann. Schon als Kind hatten Schachteln es ihr angetan. Da gab es die Streichholzschachteln für die Junikäfer. Und die leere Schachtel vom Kölnisch Wasser, die versteckte sie in einem Holzstoß und sammelte darin die Kreidestumpen, die der Lehrer des nahe gelegenen Gymnasiums aus dem Fenster in den Schulhof warf. Nie würde sie heute die Verpackungen von Möbeln oder von einer Waschmaschine entsorgen, denn daraus können doch Puppenhäuser für die Kinder ihrer Gruppe werden. Kinder lieben bekanntlich schon in frühem Alter die Behälter. Deckel drauf, Deckel runter … Schachteln, diese Gehäuse für Sammlungen, zum Verwahren, Sichern! Ein beruhigender Anblick sind ihre klaren Linien und Kanten. (Ordnung allerdings nur äußerlich, drinnen fallen die Fotos und die Socken durcheinander.) Die Erzieherin hat ihre Liebe zu Schachteln an die Kinder ihrer Gruppe weitergegeben. Die Portfolios, die Bildungstagebücher ihrer Kinder, sind nicht Ordner zum Einheften, sondern jedes Kind baut sich für seine persönlichen Dokumente eine eigene »Schatzkiste«. Darin ist dann nicht nur Raum für die »Flachware«, für Zeichnungen und Fotos, sondern auch für Werkstücke und Funde der Kinder. Irgendwann fanden sie heraus, dass man auf ihren Portfolio-Schatzkisten sogar Musik machen kann.

Eine Grundschullehrerin überlegt, dass man für Ferien-Hausaufgaben auch Schachteln in verschiedenen Größen in die Vitrinen stellen könnte. Leere Schachteln, erwartungsvoll leer – mit welchen Dingen gefüllt werden sie in sechs Wochen zurückkommen?

Zum Beispiel mit einem Stein, wie ihn jetzt eine Teilnehmerin aus der Handtasche zieht. Unscheinbar wirkt der, alles andere als kostbar, ein verschliffener Bachkiesel. Aufgesammelt hat ihn vor Jahren ihr Sohn bei einem Schulausflug. Nass glänzend in der Abendsonne, umspielt und bewegt vom Bach, hatte da etwas geblitzt aus der Tiefe, hatte dem Achtjährigen ein Kieselstein seine innere Schönheit offenbart. Dieser Fund, zu Hause wieder in mattes Grau zurückgefallen, seine Schönheit war anscheinend beim Transport verloren gegangen, hatte jahrelang auf dem Regal im Kinderzimmer gelegen. Als der Sohn ins Internat kam, hat er der Mutter zum Abschied diesen Stein geschenkt. Seitdem trägt sie ihn in ihrer Handtasche. Wenn sie an den Sohn denkt, wenn sie ihrem Internatskind etwas wünscht, nimmt sie den Stein in die Hand. »Mein Moritz-Stein.«

Kann man einen Stein eigentlich als ein Ding bezeichnen?, fragen sich die Teilnehmer. Moritz hat dieses Naturmaterial durch seine Arbeit des Findens und Aufhebens zu einem Ding gemacht, und beide, Sohn und Mutter, noch einmal durch die Akte des Beseelens und Schenkens. Möglich, dass die Mutter sich zu ihren Lebzeiten nie von diesem »bedeutenden Ding« trennen wird. Danach wird es dem Stein gehen wie ihr auch. In die Erde zurück. Dann ist es vorbei mit der Dinglichkeit eines Steins, entstanden durch die Intentionalität eines Jugendlichen und seiner Mutter. Für den Kieselstein wird es nur eine winzige Episode gewesen sein, ein Wimpernschlag in seiner Existenz.

Der Blick wandert weiter, auf eine Spieluhr aus Messing. Ist das ein Spielzeug? Nein, ein Erbstück. Es erzählt die Geschichte von drei Generationen. Als die Besitzerin ein Kind war, stand diese Spieldose im obersten Regal der Kredenz im Wohnzimmer. Das Wunderding hatte seine eigene Zeit. Zu Weihnachten und zum Geburtstag wurde es von den Eltern heruntergeholt. Die Mutter drehte an der kleinen Kurbel, und die Eröffnungsmusik des Rituals erklang aus einem Ding, das kaum größer war als ein Vorhängeschloss. Ihre eigenen Kinder durften dann an Geburtstagen und am Heiligen Abend die Spieluhr selbst aufziehen und abspielen. Und heute darf ihr zweijähriger Enkel jederzeit das Ding in die Hand nehmen. Er fasst in die Walze und wirft es begeistert durch die Gegend. Nun funktioniert die Spieluhr nicht mehr richtig – »Ich stelle sie jetzt besser nicht an, sonst hört sie nicht mehr auf!«

Dieser Wandel im Umgang mit den Dingen über drei Generationen – ist das eine Geschichte des Fortschritts? Einst bewachten die Erwachsenen die Wunderkammern wie die Erzengel. Danach wurde es partnerschaftlicher, aber immer noch behielten die Erwachsenen die Oberhand. Und nun diese Liberalisierung – das Kind ein »Herr der Dinge«. Sind die Kindheiten und die Dinge dadurch geheimnislos geworden?

Verändert haben sich ja nicht nur die Erziehungsstile, gibt eine Teilnehmerin zu bedenken, es ist auch die Ökonomie. Damals war diese Spieluhr um ein Vielfaches mehr wert als heute die Massenware aus Asien. Die Erwachsenen können die Dinge geheimnisvoll inszenieren, aber irgendwann stoßen sie doch an die Grenzen des Warenwerts. Wo gibt es in einer heutigen Kindheit noch dieses Erlebnis der ganz besonderen Gelegenheit, der »Wunderkammer«, Sesam-öffne-dich? Sollte man die Dinge für die Kinder künstlich verknappen, könnte ihnen das eine Aura des Einzigartigen zurückgeben? Oder ist man damit von vornherein auf verlorenem Posten?

Spontane Sammlungen »bedeutender Dinge«. Eine Liste

Auf einem großen Tisch wurden anschließend alle mitgebrachten Gegenstände ausgestellt. Vor den Gesprächen zu zweit hätte man darin nur ein Sammelsurium gesehen, wie auf dem Flohmarkt, Strandgut, angespült aus dem Leben anonymer Vorbesitzer. Durch die vorangegangenen Gespräche ist man nun näher an den Dingen. »Jeder neue Gegenstand, wohl beschaut, schließt ein neues Organ in uns auf« (Goethe).[9] Wenn man den eigenen vertrauten Gegenstand in neuer Nachbarschaft wiederentdeckt, glaubt man anderen Gegenständen auch anzumerken, was sie für ihre Besitzer zu einem *evocative object* werden lässt. Diese Gegenstände sind ja nicht absichtslos zusammengekommen, wie etwa nach einem Pfänderspiel, sondern jeder ist von jedem Besitzer aufgrund einer persönlichen Entscheidung in diese Sammlung gelangt.

Und bei den Gegenständen, die noch rätselhaft erscheinen, ist man gespannt, bald mehr über ihre Bedeutung zu erfahren. Man geht ganz selbstverständlich davon aus, dass man die Erläuterungen ihrer Besitzer schon verstehen wird. Ist dieses Vertrauen in die intersubjektive Verständigung über die vielen Dimensionen der Dinge nicht erstaunlich?

Sowenig die Dinge auch zusammenzupassen scheinen, sie haben doch einen inneren Zusammenhang. Durch die vorangegangenen Gespräche sind sie zu einer *Sammlung* geworden. Jedes einzelne Ding verweist auf das verbindende Thema. Der Betrachter macht sich unwillkürlich Gedanken über einen fiktiven Besitzer und über dessen persönliche Beziehung zu diesem Ding. Dabei hilft, dass alle Besitzer ihrem Ding einen Zettel mit einem kurzen Kommentar oder einer Frage beigegeben haben.

Hier nun eine Auswahl »bedeutender Dinge«, die bei diesen Ad-hoc-Ausstellungen zusammenkamen, kommentiert durch ihre Besitzer.

40   Dinge im Alltag der Generationen

- *Der Flummi*
  Er hat mir gezeigt, wie viel Bewegung in der Welt steckt.

- *Knöpfe von Kinderkleidern* (aus Holz, Messing, Horn, Porzellan, mit Stoff bezogen)
  Mit denen habe ich mich in die Welt geträumt.

- *Die Stricknadeln*
  Für mich sind sie Rückzug, Konzentration, Mathematik, Halt.

- *Eine Maske*
  Da konnte ich zwischen meinem Ich und einer Rolle unterscheiden lernen.

- *Ein Salzstreuer*
  In jeder Kantine stehen die herum, Salz gibt es gratis. Wie reich wir geworden sind. Kriege hat man geführt um das Salz. Und heute salzen wir die Straßen.

- *Ein Tee-Ei*
  Ein raffiniertes Ding! Ich muss immer lachen, wenn ich es anschaue. Wer hat sich das ausgedacht, Mann oder Frau?

- *Eine Schiefertafel*
  Mit der habe ich meine Schwestern unterrichtet und mich als Lehrerin entdeckt.

- *Mein erster Wasserfarbkasten*
  Pinsel und Farbe, ihr Zusammenspiel hat mich von klein auf gelehrt, an einem Ziel zu arbeiten.

- *Die Blumenschere*
  Jeder sucht sich seine Kraftquelle. Hier finde ich meine.

- *Die Bohnenschote*
  Sie steht für Momente glücklichen Werkelns mit meiner Oma im Garten. Schade, dass es dich nicht mehr gibt!

- *Das Pfadfindertuch*
  Es hat mich mit vielen Kindern weltweit verbunden.

- *Die mechanische Taschenlampe*
  Licht machen können, mit der eigenen Energie, so lange

man kann und will. Da ist man unabhängig. Unter der
Bettdecke lesen!

- *Das Faden-Abnehmespiel*
Das habe ich oft unter der Schulbank gespielt. Und in der
Pause damit Freundinnen gesucht.
- *Die Tonkassette*
Aus meiner Kindheit. Zum ersten Mal die eigene Stimme
aufgenommen. Mich gehört, mich selbst!
- *Die Büroklammer*
Sie dehnt sich, will hilfreich sein, zusammenhalten. Aber
sie verbiegt sich nicht dabei, bleibt sie selbst. Elastisch sein
und die Form halten, darin ist mir das Ding ein Vorbild.
- *Ein Würfel*
Ich bin abergläubisch. Manchmal hilft er mir bei Entschei-
dungen. Und manchmal wäre ich gern selbst ein Würfel
und würde neu gewürfelt.
- *Ein unbeschriebenes Blatt*
Weiß wie Neuschnee. Es wartet darauf, meine Spuren auf-
zunehmen.
- *Ein Tintenfass*
Das hat mir mein Großvater geschenkt. Er selbst hat als
junger Mann noch mit Gänsefedern geschrieben. Liebes-
briefe wahrscheinlich – warum denkt man immer gleich an
so etwas?
- *Ein Schlüsselbund*
Viele Zugänge zu Orten und Bewegungen. Daran hängen
auch Schlüssel zu Schlössern, die es gar nicht mehr gibt.
Mein Fahrrad in Dresden zum Beispiel, schon lange ist es
geklaut!
- *Ein Dietrich*
Jedes zweite Schloss konnte man noch vor fünfzig Jahren
damit aufhebeln. Diese Macht hat das Ding heute verloren. Ein jüngerer Mensch weiß gar nicht mehr, was das ist.

- *Mein Laptop*
  Ich kann sogar im Dunkeln an der Tastatur fühlen, dass es meiner ist. Schwer zu sagen, ob er mir gehört oder ich ihm. Mein erstes verliebtes Herzklopfen habe ich bei einem Chat gespürt. Etwas davon steckt noch irgendwo in meinem Laptop.

- *Ein Pelzkragen*
  Von der Großtante geschenkt. Soll wertvoll sein, »Hermelin«. Aber auch eklig und unheimlich. Ich wollte als Kind immer darüberstreichen, an ihm riechen.

- *Ein Delfin aus Plastik*
  Grau, eigentlich armselig. Aber er erinnert mich an meine erste Begegnung mit Greenpeace, die hat meinen Blick auf die Welt verändert.

- *Der Abseil-Achter*
  Beim Bergsteigen muss man Vertrauen in einen anderen Menschen haben. Auf den Verlass ist, auf Leben und Tod.

- *Der Verlobungsring*
  Von meiner Großmutter. Die Verlobung meiner Großeltern mag ich mir lieber vorstellen als die meiner Eltern. Dieser Ring gehört mir nicht wie anderer Besitz. Ich könnte ihn nicht verkaufen, nur vererben.

- *Ein Dübel*
  Klein, billig, und es steckt so viel Kraft in ihm. Eingebaute Widerstandskraft.

- *Die Kaffeemühle aus Holz*
  Ein Kinderspielzeug, aber ich konnte damit genauso mahlen wie meine Mutter. Oben Bohnen, unten Pulver. Mit meiner Kraft konnte ich einen Stoff in einen anderen verwandeln.

- *Eine Bedienungsanleitung*
  Dreißig Seiten Kleingedrucktes. Um dem Ding zu dienen, soll ich mir das antun?

- *Das Schweizermesser*
  Ich kann es nicht leiden. Vor allem Männer, die damit wichtigtun.
- *Die Stimmgabel*
  Wenn ich ihren Summton höre, werden meine Lungen weit. Ich atme tief ein und bin erwartungsvoll. Ich spüre andere Sängerinnen im Raum. Im zweiten Sopran.
- *Ein Tropfenfänger*
  Für die Kaffeekanne, und Messerbänkchen. Das gab es in anderen Familien, bei uns nicht. Meine Mutter sah darauf herab, das sei spießig. Warum waren wir höher stehend ohne diese Dinge, die das Tischtuch schonen?
- *Das Handrührgerät*
  Hypnotisiert habe ich es gedreht und gedreht. Nie haben sich die Metallschleifen verheddert.
- *Das Sparschwein*
  Bei der Haushaltsauflösung meiner Mutter vor Kurzem wiedergefunden. Wie blöd es grinst. Brav sollte man es mit den Groschen der Erwachsenen füttern, lächerliche Beträge. Alles unter ihrer Aufsicht. Nie hätte ich meinen Kindern so etwas aufgezwungen.
- *Muscheln*
  Warum haben wir alle Sehnsucht nach dem Meer? Was hört man mit der Muschel am Ohr, das eigene Körpergeräusch, das entfernte Meer oder das himmlische Jerusalem?
- *Eine Platine*
  Elektronikschrott. Eigentlich ein Kunstwerk, die feinen Linien, die Präzision. Ich verstehe nichts von ihrer Entstehung. Ich sehe nur gebeugte Rücken von jungen Frauen in China.
- *Diese Stecknadel*
  Ich habe sie als Kind verschluckt. Und wieder ausgeschieden. Hab's überlebt!

- *Ein Kulturbeutel*

  Aus DDR-Produktion. Mit diesem Ding habe ich mich für meine DDR-Herkunft geschämt. Ihn beim Besuch im Westen nicht im Bad stehen lassen.

- *Das Mundstück meiner Trompete*

  Ich wollte immer schon in alles blasen, was eine Öffnung hat.

- *Meine Ballettschuhe*

  Warum liebe ich diese Folterinstrumente? Immer muss man Pflaster dabeihaben.

- *Meine erste Sonnenbrille*

  Mit der im Gesicht war ich Audrey Hepburn. Und ich konnte mir die Jungs aus der Nähe anschauen.

- *Die Mausefalle*

  Wie hinterhältig der Trick mit dem Käse! Aber ich konnte die Augen nicht von dem Ding abwenden. Ich bekam Angst vor den Erwachsenen, die sich so etwas Gemeines ausdenken. Mit denen ist nicht zu spaßen.

- *Mein Rucksack*

  Der hat genau das richtige Volumen. Bei jeder Wanderung ist er dabei und ich vergesse ihn einfach auf meinem Rücken.

Was Dinge bedeutend werden lässt: historisch, sozial, lebensgeschichtlich

Die Auswahl der Dinge, die in diesen spontanen Ausstellungen zusammenkamen, war eingeschränkt durch die Umstände. Man brachte mit, was zur Hand war und was sich in der Handtasche oder in einer Einkaufstüte transportieren ließ. Bedingt waren diese Sammlungen aber auch durch die Lebensumstände in einem Land, in dem Erwachsene und Kinder seit Jahrzehnten im Frieden leben und nicht gegen Hunger und Kälte kämpfen müssen.

Millionen Kinder in anderen Weltgegenden wachsen mit anderen Dingen auf. Sie lernen, in welchen Gefäßen man Wasser auf weiten Wegen transportieren kann. Wie man auf Müllhalden verwertbare Dinge oder verwertbare Teile von Dingen findet. Kindersoldaten lernen, wie man eine Kalaschnikow zusammenbaut und benutzt. Eine Spritze kennen viele Kinder nicht aus der Arztpraxis, sondern als Drogenbesteck.

Die meisten Dinge in unseren Veranstaltungen zur Weltwissen-Vitrine zeigten sich von sympathischeren Seiten. Die Teilnehmer sprachen über sie mit Wärme, als seien sie ihnen persönlich dankbar.

- Die »bedeutenden Dinge« haben ihren Besitzern schon früh und in vielen Stationen ihres Lebens zur Selbsterkenntnis verholfen. Als spielten die Dinge im Prozess der Individuation eine ebenso wichtige Rolle wie die Beziehung zu anderen Menschen.
- Die Dinge waren überraschend häufig mit der Erinnerung an alte Menschen verbunden. In der Interaktion mit alten Menschen schreiben sich dem Kind die Dinge und die Gesten ihrer Handhabung offensichtlich besonders nachdrücklich ein.
- Viele Dinge lösen spontan ein haptisches Verlangen aus. Ob das eine Erinnerung an die ersten Begegnungen mit ihnen ist? An die Zeit, als man noch mit Nase, Mund und vor allem auch mit der Handfläche und mit den Fingerspitzen in der Welt vorankam. Auch als Erwachsener will man bei einer solchen Ding-Betrachtung die Hand als Erkenntnisinstrument einsetzen. Im Gespräch in kleinen Gruppen spricht nichts dagegen. Man blickt gemeinsam auf ein Drittes, auf einen Gegenstand in der Hand des Anderen, man muss weniger kommunikative Rücksichten nehmen als im Gespräch von Angesicht zu Angesicht, wird

nicht abgelenkt durch die Mimik des Anderen, man kann den Assoziationen leichter nachgehen. Dadurch veränderte sich die Stimmung, in der über das Ding nachgedacht wurde. Als würde das Denken handgreiflicher und das Sprechen expressiver. (Man weiß auch, dass es manchen Kindern leichter fällt, über abstrakte Zusammenhänge zu sprechen, wenn sie einen Gegenstand in der Hand halten.[10])

- Die Dinge zeigen uns nicht nur, wer wir sind, sondern auch, wo wir stehen oder wo wir stehen wollen auf der sozialen Stufenleiter der feinen Unterschiede. Wohnungen sprechen zugleich vom Ich ihrer Bewohner und von ihren Statuswünschen.

- Die Dinge sind Zeugen nicht nur des biografischen, sondern auch des historischen Wandels. Sie holen die Geschichte der Menschheit in den Alltag. Mit einem Hammer in der Hand stehen wir mit einem Fuß in der Gegenwart und mit dem anderen in den Anfängen der Menschheit. Das Taschentuch dagegen, das Herta Müller beschreibt, hat eine vergleichsweise kurze Geschichte. Noch bis in die Neuzeit hinein hat man sich auch in den Oberschichten in den Ärmel geschneuzt.[11]

- Die Verwendung, das Ansehen und der Wert ein und desselben Dinges verändern sich je nachdem, ob es ein Geschenk, ein Erbstück, etwas für den Eigenbedarf Produziertes oder eine Ware ist.

- Ein und dasselbe Ding kann im Laufe eines Lebens immer wieder seine Botschaft verändern. »Man sieht die Dinge jetzt anders« – aufgrund gewandelter Erziehungsstile, entwerteter Ideologien, der Globalisierung, der ökonomischen Krisen, des Alterns. Das Ding in seiner unveränderten äußeren Gestalt hilft uns zu erkennen, wie sich die Welt verändert. (Über manche Gefühle dabei kann man mit

Kindern weniger gut sprechen. Wehmut, Nostalgie sind Kindern fremd, es langweilt sie.)

- Viele Dinge beeindrucken durch das in ihnen geronnene Wissen unserer Vorfahren. Gut erfunden! Wir können stolz sein auf unsere Gattung. Diese Leistungen können uns als ahnungslose Konsumenten aber auch klein und überflüssig erscheinen lassen.

- Was in den Dingen an technologischem Wissen und Können steckt, welche Naturkräfte in ihnen wirken und mit welchen Mitteln sie uns dienstbar gemacht wurden, wollen die Erwachsenen anscheinend gar nicht immer genau wissen. Wie man sich bei der Aneignung eines Gegenstands auf die Höhe des in ihm verkörperten Wissens bringen könnte, und wie man die dabei offengebliebenen Fragen weiterverfolgen könnte – dieser Dimension der Dinge gingen die Teilnehmer der Veranstaltungen zur Weltwissen-Vitrine seltener nach. Es wird ein Schwerpunkt in einem späteren Kapitel sein.

Ein Ding – viele Dimensionen. Und wir erkennen sie, wir können uns intersubjektiv darüber verständigen! Wie viel Wissen haben wir parat, wenn wir uns durch den Alltag bewegen! Wir durchschnittlich Gebildeten können mit den über zwanzigtausend Substantiven, die in einem Lexikon erscheinen, etwas anfangen, das heißt, wir können diese Einträge mit der Vorstellung von Dingen verbinden. Wir kennen erheblich mehr Ding-Arten als natürliche Arten. Und wir wissen auch, dass sie je nach unterschiedlichem historischem und individuellem Kontext Unterschiedliches bedeuten. Zwei Zeitgenossen in Deutschland, die sich vorher nie gesehen haben, können über diese Dimensionen spontan in einen Diskurs treten und fühlen sich dabei nicht überfordert.

Welche immensen Leistungen verlangt der Alltag! Es lässt

uns erahnen, was passiert, wenn die durch die Dinge »aufge-
schlossenen Organe« (Goethe), die wie alle Organe eine be-
grenzte Lebensdauer haben, allmählich versagen. Wie dann
der Alltag mit seinen Dingen und ihren Bedeutungen aus den
Fugen gerät.

Und es zeigt, welches Lernprogramm auf jedes neugeborene Kind wartet.

Das alles soll ein Kind also lernen. Schritt für Schritt, von
Ding zu Ding, Tag für Tag!

Seltenheitswerte

Manche Dinge werden wertvoller dadurch, dass sie rar sind.
Und manche dadurch, dass sie künstlich knapp gehalten werden, als *limited edition*, wie die nummerierten Handtaschen
von Louis Vuitton oder die Joggingschuhe mit der Signatur
von Lang Lang.

Drei Beispiele für den Seltenheitswert von Dingen in
verschiedenen Weltgegenden und historischen Konstellatio-
nen:

Eine Häkelnadel in Kirgisien

»Wenn ich's verlier, das Häkel ... das Herz würd' mir stehen
bleiben! Seit dreißig Jahren gibt es keine mehr zu kaufen in
Russland!«

1989 in Kirgisien, in einem Dorf an der Grenze zu China,
in einem deutschen Haus. Die junge Frau zeigt einen finger-
langen Stift aus abgewetztem Metall. Am verjüngten Ende ist
noch die Andeutung eines Häkchens zu erkennen. Es ist das
ängstlich gehütete Erbstück der Familie. 1941 hatte ihre Mutter bei der Deportation aus dem Wolgagebiet nach Sibirien
diese Häkelnadel mitgenommen.

Nach zehn Jahren in Sibirien hatte man in den 1950er Jahren die russlanddeutsche Familie weiterwandern lassen in eine mittelasiatische Republik. Der Vater hatte nach einem Jahrzehnt im Arbeitslager – »sein Kopfkissen war die Faust« – dort wieder einmal von vorn angefangen. Für die Deutschen hieß neu anfangen immer: ein Haus bauen. »Mein Vater hat im Leben acht Häuser für die Familie gebaut, mit eigenen Händen.«

Während des Gangs durch die Hauptstraße, die Ernst-Thälmann-Straße, weist die junge Frau mit Stolz darauf hin, wo deutsche Familien wohnen: dreihundert solide Häuser hinter Vorgärten, die Obst und Gemüse geben.

Im klaren Licht und kühlen Wind des Alatau-Gebirges liegt über allem eine Stimmung des Abschieds. Achtzig Häuser stehen bereits leer. Aber die Russlanddeutschen, sie können nicht anders, bauen lieber ein neues Haus, als dass sie in ein verlassenes der in die Bundesrepublik ausgewanderten Nachbarn zögen. Auch wenn sie wissen, dass auch sie bald gehen werden.

Im Wohnzimmer, dem »Paradezimmer« der russlanddeutschen Familie, wirken die Einrichtungsgegenstände wie frisch beschneit. Durch weiße Häkelgardinen gefiltertes Licht fällt auf blütenweiße Sesselschoner und Tischdecken, sogar die Bilderrahmen sind weiß umhäkelt. Auch im Kinderzimmer – zurückhaltende Kinder, die die Erwachsenen nicht mit Wünschen bedrängen – gehäkelte Bettdecken und Häkelbilder an der Wand. Und sogar das Bügeleisen in der Küche, das elektrische, ein Vermögen der Familie, war weiß umhäkelt.

Das war etwas anderes als weibliche Freizeitbeschäftigung. Es war Selbstvergewisserung. Es gut meinen und es gut machen. Die Kräfte sichtbar machen, die man einsetzen will. Überleben nicht nur als ein Lebewesen, sondern überleben als Mensch. Tätigkeit war ihnen Bedürfnis. Solide arbeiten, der feindlichen Umwelt und der Willkür etwas entgegenhalten,

Stein auf Stein, Masche an Masche. Mit jeder Masche sich Kraft holen, sich aufrichten. Luftmaschen – in jeder Luft, in jeder Verbannung. Dieses Ding, die Häkelnadel, wenn sie verloren gegangen wäre – vielleicht wäre wirklich das Herz der jungen Frau stehen geblieben.

Könnte man sie wiederfinden, sie ausstellen, sie hier abbilden, diese Häkelnadel! Um etwas gutzumachen. Arrogant haben wir damals in der Bundesrepublik die Russlanddeutschen und ihre Wertschätzung der Dinge missachtet. Ihr Fleiß, ihre Arbeitstugenden gingen uns auf die Nerven. So altdeutsch, das passte nicht ins multikulturelle Wunschbild. Macht euch locker!

In Asien hatten die Russlanddeutschen sehnsüchtig nach Deutschland geblickt, gehofft auf die Rückkehr zu ihresgleichen. In der Bundesrepublik angekommen, mussten sie einsehen, dass sie auf unsere Rücken geblickt hatten.

Eine Nähnadel in Maos China

Die Mutter schlug wie von Sinnen auf die fünfjährige Tochter ein. Das geschah nicht zum ersten Mal. Wenn die Mutter abends aus der Fabrik in das Zimmer zurückkam, in dem sich tagsüber das Kind allein versorgte, hatte sie oft unerträgliche Kopfschmerzen. Dann konnte sie nachts nicht die Heimarbeit machen – Knöpfe auf Karton aufnähen –, mit der sie ein paar Yuan dazuverdiente. An diesem Abend schlug sie das Kind so heftig, dass sich die Nachbarn einschalteten. Sie verständigten die Großeltern im Nachbardorf, sie holten das Kind ab, und es lebte fortan bei ihnen.

Was war geschehen?

Das Kind hatte die Nähnadel verloren. Die einzige Nähnadel im Haushalt. Für die Mutter unerschwinglich, nicht zu ersetzen, dieses Produktionsmittel in Maos China.

Nach einer Lesung in Peking 2003 kam mir die Geschichte

in den Sinn. Wie wenig hatten wir in Deutschland gewusst über chinesische Kindheiten, und was hatten wir zu Maos Zeiten alles zusammenfantasiert, sagte ich zu meiner Tischnachbarin. In der Frühzeit der Kinderladenbewegung hing über vielen Kinderbetten das Plakat mit den rotbäckigen chinesischen Buben und Mädchen; in weiten Hosen und mit wehenden Zöpfen zogen sie lachend und solidarisch eine pralle Zuckerrübe aus der Erde. So hatten wir unseren Kindern ihre Zeitgenossen in China vorgestellt. Über empirische Kindheiten in Maos China war nichts zu erfahren. Erst später, in den 1980er Jahren war ich auf ein Buch gestoßen, *Im Traum war ich ein Schmetterling. Chinesen erzählen ihre Kindheit.*[12] Und ich erzählte die Geschichte von der Nähnadel. Die Tischnachbarin ließ mich aussprechen. Sie zögerte. Dann sagte sie: »Das Buch und diese Geschichte habe ich aufgeschrieben. Das Mädchen ist heute meine Haushaltshilfe.« Und sie lud mich in ihr Haus ein.

Am Telefon berichtete ich davon nach Frankfurt. Mein Sohn sagte: »Es gibt über eine Milliarde Chinesen. Und du lernst am ersten Tag in China die Frau kennen, die als Kind eine Nähnadel verloren hat.«

»Man kann nicht alles mitnehmen«

Kürzlich war eine Russin bei mir zu Besuch, vor einem Jahr ist sie mit vier Kindern nach Deutschland übersiedelt. Ein Klavier, schön! sagt sie, als sie meine Wohnung betritt, Bücher, schön! Ein paar Schritte weiter zeigt sie auf ein paar Zeichnungen meines Sohnes, die an der Wand hängen und sagt: Schön! Setzt noch hinzu: Schön, wenn man so etwas hat. Ich verstehe zuerst nicht, was sie meint, sie habe doch selbst vier Kinder. Ja, sagt sie und lächelt, man kann nicht alles mitnehmen. Sicher, sicher, sage ich. Ja, sagt sie und lächelt immer noch, wir haben ein großes Lagerfeuer gemacht, haben uns alle drum herum gesetzt, dann Blatt um Blatt

in die Hand genommen, haben alles noch einmal angeschaut und uns erinnert, wer das oder das gezeichnet hat, wie alt er oder sie damals war, haben uns ein letztes Mal gemeinsam daran erfreut und dann alles verbrannt. Es war ein schönes Lagerfeuer, wir haben gesungen. Ich sage jetzt nichts mehr. Man kann nicht alles mitnehmen, wiederholt sie und sagt lächelnd: Mit vier Kindern und zwei großen Koffern sind wir losgeflogen. Das war alles.
JENNY ERPENBECK[13]

Nach dem Krieg: Weniger Haben, mehr Sein?

Rückblickend auf die ersten Jahre nach dem Zweiten Weltkrieg hat eine damals junge Generation den Verlust ihrer Erbstücke oft verklärt als eine Befreiung aus den Fesseln der gewohnten, der wie mitschuldig gewordenen Dinge.

Häuser waren in Flammen aufgegangen. War damals, *tabula rasa*, die Zukunft offen, konnte bei einem Neubeginn alles ganz anders werden? Ein Leben mit weniger Dingen, nur mit wesentlichen Dingen? So überlegen unmittelbar nach dem Zweiten Weltkrieg zwei Dichterinnen in Deutschland und Italien, Marie Luise Kaschnitz und Natalia Ginzburg. Beide haben ihren bürgerlichen Besitz verloren. Was bedeutet dieser Verlust ihnen selbst, und wie würde die Welt ihrer Kinder dadurch verändert werden?

Marie Luise Kaschnitz erinnert sich in den ersten Friedenstagen an das Familienporzellan, an den Suppenteller, der sie täglich mit einer zarten Kuckucksnelke auf dem Grund begrüßt hatte.

»Die Dinge, sie schwiegen, sie dienten, sie nahmen es auf sich, Nebensache zu sein ... Sie haben uns gehalten. Sie haben uns erhöht. Sie antworteten mit der leidenschaftslosen Gelassenheit von Freunden aus alter Zeit. Weil sie uns lange kannten, erkannten wir uns selbst als lange Überdauernde. Sie verurteilten uns nie. Wir waren so lange gewohnt, Liebe an die Dinge zu wenden, so lange gewohnt, an ihnen einen Halt zu finden und eine Bestätigung unserer selbst.«[14] Vorbei! »Wir haben nur noch, was wir am Leibe tragen, wir essen mit fremden Löffeln von fremden Tellern, aber wir leben, es geht auch so.« An einem Tag im Juni 1945, umgeben von Ruinen: »Die Welt, die vor unseren Blicken liegt, ist jung wie am ersten Tag. Vielleicht ist wirklich die Epoche vorüber, in der die Dinge ihre alte Macht und ihren alten Zauber ausüben konnten … Und es mag sein, dass dadurch unsere Kinder nicht ärmer werden, sondern weiter im Geist.«

Und Natalia Ginzburg schreibt zwei Jahre später, 1947:

»Es ist Krieg gewesen und die Leute haben viele Häuser einstürzen sehen und fühlen sich jetzt nicht mehr so ruhig und sicher in ihren Wohnungen wie früher … die Jahre werden vergehen, aber wir werden niemals genesen. Selbst wenn wir wieder eine Lampe auf dem Tisch haben und ein Blumenväschen und die Bilder unserer Lieben, glauben wir doch an keines dieser Dinge mehr, weil wir sie einmal plötzlich verlassen mussten oder vergeblich unter den Trümmern danach gesucht haben …Wer die Häuser hat einstürzen sehen, weiß zu genau, welche unbeständigen Güter die Blumenvasen, die Bilder, die weißen Wände sind … Ein Haus ist nicht sehr solide. Hinter den heiteren Blumenväschen, hinter den Teekannen, den Teppichen, den gewachsten, gebohnerten Fußböden verbirgt sich das andere, wahre Gesicht des Hauses, das entsetzliche Gesicht des eingestürzten Hauses.«[15] Auch sie fühlt sich befreit.

»Wir sind jetzt den Dingen in ihrer Substanz näher. Das ist das einzig Gute, das der Krieg uns gegeben hat.«

Diese Erfahrung trennt sie von der Generation ihrer Eltern. Das erfährt Natalia Ginzburg an ihrer veränderten Einstellung gegenüber den Dingen, mit denen sie ihre Kinder ausstattet. »Unsere Eltern und die Leute, die älter sind als wir, werfen uns die Art vor, wie wir unsere Kinder großziehen. Sie hätten gern, dass unsere Kinder mit Plüschtieren spielen in anmutigen rosa gestrichenen Zimmern, in denen Bäume und Häschen an die Wände gemalt sind. Aber das können wir nicht machen. Das können wir nicht machen mit Kindern, die wir nachts aufgeweckt und überstürzt im Dunkeln angekleidet haben, um zu flüchten oder uns zu verstecken oder weil der Sirenenalarm den Himmel zerriss.«[16]

War man wirklich den »Dingen in ihrer Substanz näher« gekommen (Ginzburg), und wurden die Kinder dadurch »weiter im Geist« (Kaschnitz)? Wurde das Leben mehr Sein als Haben?

Es kam anders. Ein Bestseller der 1950er Jahre in Deutschland wurde *Liebe Dinge* von Heinrich Waggerl[17], in über vierzig Auflagen Hunderttausende Mal gekauft und verschenkt. Das schmale Büchlein empfahl, sich im Alltag an reizenden Kleinigkeiten zu erfreuen, »stillvergnügt«, in selbst verordneter Einfalt. Nach gescheitertem Endsieg und mitten im Systemkampf des Kalten Kriegs half es, den Kopf in den Sand zu stecken. Mein Wanderstab (ein »tüchtiger Stecken«). Mein Tisch. Mein Stein. Gepresste Wiesenblumen. Glück im Winkel, restaurativer Trost. Das kleine leinengebundene Werk fehlte in den Jahren der frühen Bundesrepublik auf kaum einem Gabentisch, es traf mitten ins Lebensgefühl der Schicht, die Bücher verschenkte. In den 1960er Jahren verlor das Buch, überrollt vom Wirtschaftswunder, seine Anziehungskraft. Es wanderte mit ins Seniorenheim.

Umzüge

Umzüge sind ding-intensive Wochen. Beim Umzug triumphiert das Zeug. Alles, was einem zugeflogen ist, macht sich in den Schubladen breit und wartet darauf, umgebettet zu werden.

Inventur! Der Besitz wird gemustert, was brauche ich wirklich, was ist jetzt und in Zukunft unverzichtbar, und was wird weiter mitwandern, obwohl es nicht nützlich ist. Wohnungen erzählen vom Ich ihrer Bewohner. Während eines Umzugs spricht dieses Ich mit sich selbst. Beim Öffnen von Schubladen und Schachteln blickt man auf das Angelagerte wie auf die Jahresringe am Baum. Da sollte man jetzt die Axt ansetzen, Härte zeigen, weg damit. In die Zukunft denken, Leerstellen schaffen, mit wesentlichen Dingen wieder neu ansetzen. Kein Umzug, bei dem man sich nicht vornimmt, dass es nie mehr so weit kommen wird, dass man künftig mit weniger Dingen auskommen kann.

Einen ganzen Hausstand zu verpflanzen bringt Unruhe ins Leben. »Das menschliche Gehirn ist evolutionär nicht dafür vorgesehen, umzuziehen. Es hat sich nach Zehntausenden Nomadenjahren erst mühsam an die Sesshaftigkeit gewöhnt.«[18]

Professionelle Umzugshelfer demonstrieren, dass man nicht nur ihre Muskelkraft braucht, sondern einen anderen mentalen Zugriff auf die Dinge. Unsentimental. Wenn die Packer dazwischenfahren, die Dinge im Handumdrehen verstauen und forttragen, kurzer Prozess, erlebt man sie vielleicht ebenso rücksichtslos, wie man als Kind die Erwachsenen erlebt hat. Ein »Federkleid über die sinnenden Dinge zu breiten« (Rilke), dafür werden Umzugshelfer nicht angestellt. Von Karton zu Karton wird man ihnen ähnlicher. Gibt den Widerstand auf, lässt die Dinge los, verschiebt die Empfindungen auf später. Die Dinge werden's überleben, und versichert sind sie auch.

»Am Umzugstag selbst kann sich dann eine Erfahrung von Losgelöstheit einstellen, wie sie ohne Drogen nicht zu haben ist.«[19] Die leere Wohnung, Staubrahmen, wo die Bilder hingen, die Striche vom Körperwachstum der Kinder an den Türstöcken – das lässt man nun zurück wie die Schlange ihre Haut. Von allem Besitz erleichtert, der in Containern in der Gewalt von Fremden auf einer Autobahn rollt, ist man einen Augenblick lang wie der Schwerkraft entronnen. Das ganze Zeug könnte überall zur Ruhe kommen. Oder auch komplett verschwinden. Würde man sich zum Nomaden eignen? Könnte man auch heutzutage ein so genialer Neuanfänger sein wie Robinson?

Am neuen Ort holen dann die Dinge den Nomaden wieder ein. Sie sind alle wieder da, blicken aus geöffneten Kisten, als wäre nichts gewesen, und laden ein zu einer neuen Runde der Sesshaftigkeit. Die Dinge passen sich der neuen Umgebung an, manchmal sperren sie sich dagegen, und immer steuern sie das ihre zur »Atmosphäre« bei, bis auch die neue Wohnung wieder erzählt vom Ich ihrer Bewohner.

Umzüge könnten, wie andere ding-intensive Zeiten, zum Beispiel die Vorweihnachtszeit, Fortbildungsgelegenheiten sein über unser Verhältnis zu den Dingen. Nur leider kommt man nicht wirklich zum Nachdenken, das verhindern wieder die Dinge. Anschlüsse müssen gelegt und Schlüssel kopiert werden. Und man muss sich in die Kinder einfühlen, die Umzüge nicht mögen, weil sie nicht gern verpflanzt werden. Ihnen zuliebe wird man so tun, als hätte sich durch den Ortswechsel nichts verändert, so viele Dinge sind doch die gleichen geblieben!

Irgendwann reicht es. Gibt es nicht wichtigere Themen im Leben als immer wieder diese Dinge? Sie sollen zurücktreten, sich unauffällig machen und uns einfach wieder dienen. Man will beim Atmen nicht ständig an die Lungen denken. Und beim Wohnen nur ausnahmsweise an den Heizungskessel und ans Fallrohr.

Vom Anspruch der Dinge: Musikinstrumente

Der Cellist Pablo Casals träumte, dass ein schwerer Felsbrocken auf seine Hand stürzte und sie zerschmetterte. Die linke Hand, seine Intonationshand. Er war im Traum erleichtert. Er, der in seiner Autobiografie sein Instrument und sein Leben als Cellist verklärt, war im Traum erleichtert. Nie wieder würde er Cello spielen.[20]

Anspruchsvolle Dinge wie Musikinstrumente entführen uns nicht nur *zu warmer Lieb entzunden in eine bess're Welt*. Sie können uns mit ihren Ansprüchen quälen, und wir können sie dafür hassen, sie im Traum zerstören. Und wenn sie unsere Erwartungen an das Schöne nicht erfüllen, quälen sie auf andere Weise, und manchmal zerstören wir sie dann auch im Wachen.

Die Blockflöte meiner Kindheit war mir zuwider, ihr blökender Klang. Der Flötenlehrerin mochte ich nicht bei ihrem Spiel zuschauen, den wippenden Bewegungen bei dem schrillen Getriller, ihren blassen Fingerkuppen auf den Löchern im Rohr. Meine Flöte roch nicht gut. Der gewachste Faden, mit dem man das Mundstück – hässliches Wort – umwickelte und es dann auf den unteren Teil – gab es ein richtiges Wort dafür? – steckte, war so klebrig, so unappetitlich wie der Flötenputzer. Nichts gefiel mir an diesem Instrument, es beleidigte Nase, Auge und Ohr.

Auf dem Nachhauseweg – war sie aus der lockeren Flötentasche gerutscht? Oder hatte die Siebenjährige sie mit einem kleinen Schlenker doch absichtlich fallen lassen? – überfuhr sie der Reifen eines Lastwagens. Gewalt war geschehen. Scharfe Holzsplitter lagen über den Asphalt verstreut. Da war nichts zu reparieren, nichts rückgängig zu machen. Nur zu leugnen. Fassungslos weinend lief das Kind nach Hause. Das eigene Mitverschulden zuzugeben ging über ihre Kraft, schluchzend warf sie sich der Mutter in die Arme. Beinahe sei sie von einem Auto erfasst worden, brachte sie hervor. Aber nur die Flöte habe es erwischt. Wie die Mutter erschrak, wie sie in die Knie ging und ihr gerettetes Kind unter Tränen umarmte. Über die Schulter der weinenden Mutter blickend sah das Kind, wird es lebenslang sehen, Splitter ihrer abscheulichen Blockflöte auf dem Asphalt der Dorfstraße.

Wie anders als die Quälerei an einem ungeliebten Instrument, an die sich viele Erwachsene erinnern, ist der Aufbau einer konzentriert ehrfürchtigen Beziehung zu einem Musikinstrument, der Geige, dem Klavier, in der Methode von Shinichi Suzuki (1898–1998). Der Musikunterricht beginnt in Japan oft schon im Alter von zwei Jahren und ist zunächst alles andere als Instrumentalunterricht. Er setzt an bei der Schlüsselfigur japanischer Erziehung, bei der Mutter. Vor den Augen des Kindes lernt sie bei dem Lehrer auf dem Instrument des Kindes, auf der Zehntel-Geige, der Achtel-Geige, und auch beim Üben zu Hause schaut das Kind ihr wochenlang zu. (Diese aufwendige Initiation dauert westlichen Müttern viel zu lange und wird hierzulande übergangen.)

»Beobachtung vor der Anwendung« ist ein zentrales Prinzip japanischer Kunstlehren. Es wird mit den Sinnen gelernt, wenig erklärt. Ein Lehrling ist ein *minarai*, einer, der zuschaut. Lange nur zuschaut auch den anderen Kindern in der Gruppe, den Fortgeschritteneren im Umgang mit dem Ding. Immer wieder werden mit dem Kind nur seine Körperhaltung und die Gesten geübt, ohne dass es das Instrument berührt.

Wenn der Lehrer meint, dass das Kind ein inneres Bild der Gesten und Bewegungen entwickelt hat, darf es zum ersten Mal die Geige in der Hand halten oder die Hände über die Tastatur. Den Blick auf den Handrücken gerichtet, während vom Band eine Melodie ertönt, bildet sich im Kind ein »Gefühl für seine Fingerspitzen«. Nachdem die Hand konzentriert über der Klaviertastatur schweben kann, wird das Kind zum ersten Mal eine Taste anschlagen.

Nach wenigen Minuten am Instrument tritt es wieder in seine Gruppe zurück.

Aus westlicher Sicht erinnert diese Pädagogik an Trockenschwimmkurse. Die amerikanische *fun morality*, das Kind auf Umwegen zum Eigentlichen verlockend, ist den Pädagogen der Suzukimethode – in ihrer orthodoxen Form – fremd. Auch unsere westlichen Erwartungen an das »kreative Explorieren« eines Musikinstruments, *hands-on*, teilt man in dieser japanischen Instrumentalpädagogik nicht. Aber nach den langen Vorbereitungen am Instrument sind die Fortschritte dann rasch und motivieren das Kind nachhaltig, die Durststrecken des Übens zu überstehen.

Die Menschen haben eine Fülle anspruchsvoller Geräte entwickelt, die Höchstleistungen ermöglichen. Slalomskier, auf denen Sportler um Bruchteile von Sekunden konkurrieren. Geigen, deren Ton bis in die letzte Reihe eines Saals für tausend Hörer als ein schwebendes Piano gehört werden kann.

Aber auf die in ihnen angelegten Höhen nehmen diese Dinge nur wenige von uns mit, die Hochbegabten, die Ausdauernden, die mit den höchsten Ansprüchen an sich selbst.

Die Dinge in der Depression

In einer Depression erkennen wir, dass wir die Dinge ko-konstruieren. Und wenn uns die konstruktive Energie dafür fehlt, weil wir matt sind oder fahrig, dann weisen die Dinge uns ab. Sie antworten nicht mehr. In der Depression werden die Gegenstände als graues Einerlei wahrgenommen, als hätten sich ihre Materialeigenschaften verflüchtigt. Die Dinge sind nur »vorhanden«, mehr nicht. Schwermut lastet dann nicht nur im Gemüt, sondern auch auf den Dingen. Ein Telefonbuch kann bleischwer aussehen. Im schlimmsten Fall werden die Dinge wieder zur opaken Materie, ähnlich vielleicht wie für den Säugling am Anfang des Lebens. Die Dinge scheinen sich nur den anderen Menschen zuzuwenden, den glücklicheren Naturen, die mit ihnen auf Du stehen. In *Winnie-the-Pooh* ist der melancholische Esel Eeyore so eine Gestalt. »Andere können sich an so was erfreuen ...«

In der Depression kann man sich den Zugang zu den guten Dingen selbst versagen, als hätten nur andere Menschen ein Recht darauf. Dazu eine kurze Geschichte.

In den sechziger Jahren des 20. Jahrhunderts lebten ein Student und eine Studentin unverheiratet mit ihrem Kind. Ein Kind unverheirateter Eltern ist heute in den Großstädten bald jedes zweite. Damals war es eine Seltenheit in der kleinen Schicht von Studenten, die meinten, dass in ihren Liebesangelegenheiten der Staat nichts zu suchen hatte. Eine ledige Mutter und ein uneheliches Kind hatten in den Augen vieler einen Makel, solche Kinder erhielten automatisch einen Amtsvormund. Als ledige Mutter schloss man sich damals mit anderen unverheirateten Müttern zusammen. Emanzipiert bemühte man sich, herabzuschauen auf kleinbürgerlich verheiratete Eltern. Sehnsüchtig insgeheim. Die richtigen Familien, die vollständigen Familien. Das saß so tief. Das hatte man vorher nicht gewusst, wie tief das sitzen würde.

Eines Tages stand die ledige Mutter vor der Auslage eines Obstgeschäftes: Die ersten Erdbeeren lagen in einem Körbchen. Sie blickte auf die glänzenden Beeren und dachte und empfand: »Die sind nun leider nicht für uns. Wenn wir eine richtige Familie wären, eine vollständige ...« Dann würde sie jetzt das Körbchen kaufen und nach Hause tragen. Teuer war es wohl, aber auch für eine alleinerziehende Mutter nicht unerschwinglich.

War das Selbstbestrafung? Depression? So würden die

Fachleute sagen. Denn eine Familie waren Mutter und Kind doch auch. Wie viele Familienformen gibt es schließlich. Aber übermächtig können Normen sein, und tief greifen sie ein in den Zugang zu den Dingen.

Kinderarmut in Deutschland ist beides – kein Obst in der Wohnung am Monatsende. Aber auch kein Obst am Monatsanfang, wenn die Mutter den Mut verloren hat für die Ananas, die Mango oder die Kirschen. Die Kinder haben Antennen dafür. Sie schwingen mit ihren Eltern mit und spiegeln ihnen deren Haltung zu den Dingen, die selbstbewusste oder die depressive, zurück.

Wie zum Beispiel in dem Epilog zur Geschichte vom Erdbeerkörbchen. Die Studentin lebte damals von Honoraren, die unregelmäßig eingingen. Einmal rief sie beim Abholen dem Vierjährigen im Kindergarten zu: »Geld ist gekommen! Du kannst dir was wünschen!« Das Kind schwieg lange im Bus und überlegte. Die Mutter machte sich gefasst auf eine Carrerabahn, ein Fahrrad. Schließlich sagte das Kind: »Dann wünsche ich mir schöne gewaschene Erdbeeren.«

Die Dinge am Lebensanfang und am Lebensende

Wir sind alle zugleich jung und alt
PAUL B. BALTES

Als Kind meinte man, dass die Alten irgendwie »andere Dinge« hätten. Manche waren ein bisschen gruselig. Sie rochen schlecht. Streng. Man hätte sie nicht selbst haben wollen, das Brillenetui, die Haarkämme, den klebrigen Rosenkranz. Manche Gegenstände gehörten nur zum Alter, und die Gesten dazu – wie der Füllfederhalter aufgeschraubt wurde, und wie es dann nach Tinte roch. Und nach noch einem anderen Aroma, nach Alter. Die breitgetretenen Schuhe. Der »Geldbeutel«.

Dennoch scheinen die Gegenstände im Gebrauch der älteren Menschen sich der Erinnerung besonders nachdrücklich einzuschreiben. In den Workshops über »Bedeutende Alltagsdinge« zog bald jeder zweite Teilnehmer ein Ding hervor, das mit Erinnerungen an die Großeltern verbunden war. »Diese Bohnenschote steht für Momente glücklichen Werkelns mit meiner Oma im Garten. Schade, dass es dich nicht mehr gibt!« Die Taschenuhr vom Großvater, aus den Zeiten, als sich die Uhren noch nicht an den Handgelenken festgesetzt hatten. Der goldene Deckel sprang auf, zitterte zart in der alten Hand. Macht und Zerbrechlichkeit zugleich in einer Geste. Aufschauen zum Großen Alten und bangen um ihn. So genau wahrgenommen und so genau erinnert, weil es der geliebte Mensch war. Seine Atemzüge unter der Strickweste, an der die Kette entlangführte, seine geäderte Hand, bei deren Anblick es einem wohl und angst wurde, ob er die Seiten des Buchs beim Vorlesen umblätterte, oder eine Briefmarke aufklebte.

Albert Camus wurde durch die verlässlich wiederkehrenden Handgriffe seiner Großmutter an einer Petroleumlampe, einem ihr lebenslang vertrauten Gegenstand, immer wieder erlöst aus der existenziellen Angst eines Heranwachsenden. *Diese Angst vor dem Unbekannten und dem Tod, die ihn auf dem Rückweg von der Schule immer überkam, die am Ende des Tages mit der gleichen Geschwindigkeit in sein Herz einzog wie die Dunkelheit ... diese Angst, die erst aufhörte, wenn die Großmutter die Petroleumlampe anzündete, indem sie den Glaskolben auf das Wachstuch legte, sich auf die Zehenspitzen stellte – die Schenkel an die Tischkante gelehnt, den Körper vorgebeugt, den Kopf verdreht –, um unter dem Schirm den Brenner der Lampe besser zu sehen, eine Hand an dem Kupferrädchen, das den Docht regulierte, während die andere mit einem brennenden Streichholz an dem Docht schabte, bis er nicht mehr rußte und eine schöne helle Flamme hervorbrachte. Dann setzte die Großmutter den Glaskolben wieder ein, der ein wenig an den Zähnen der Kupferführung kreischte und, wieder aufrecht am Tisch stehend, regulierte sie noch einmal den Docht, bis das warme gelbe Licht in einem vollkommenen großen Kreis gleichmäßig auf den Tisch schien und mit einem von dem Wachstuch zurückgeworfenen, sanfteren Licht das Gesicht der Frau und das des Kindes erhellte ... Und im gleichen Maße, wie das Licht sich aufhellte, wurde sein Herz langsam leichter.*[21]

Wenn der Junge der Großmutter zuschaute, kam das Vertrauen zurück: Die Dinge helfen und verteidigen uns, sie schaffen einen hellen Raum um uns. Ja, diese Welt ist bewohnbar.

Manche dieser erinnerten Dinge im Gebrauch der älteren Menschen haben wir bereits überlebt. Ihre Zeit ist vorbei, wie die der Bartbinden, der Wimpernzangen, der Scherenschleifer und der Kochlöffelschnitzer. Die Teppichstangen verschwanden aus den Hinterhöfen, als sich Auslegeware und der Staubsauger verbreiteten. Der »Laufmaschen-Express«, bei dem man die Feinstrümpfe stopfen lassen konnte, ist ebenso verschwunden wie die Tropfenfänger an den Tüllen der großen Kaffeekannen, diese Schaumstofffröllchen mit Zaumzeug aus Gummi, und auch die Messerbänkchen. Dinge verschwinden, wenn ihnen die Existenzgrundlage entzogen wird. Im Fall der Messerbänkchen waren es die weißen, von Hand gewaschenen und gemangelten Tischtücher.

Die Dinge bleiben nicht lebenslang die gleichen. Da entsteht immer wieder ein anderer Blick auf »nützlich« oder »überflüssig«. Der Gebrauchswert und der Gefühlswert der Dinge – das schichtet sich immer wieder um. In Japan verabschiedet man sich von den Dingen, die einem lange zur Hand gegangen sind, der Brille etwa, oder dem Schreibpinsel, dem Schulranzen im Tempel mit einem kleinen Abschiedsritual. (Das ist dann etwas anderes als ent-sorgen.)

Die »jungen Alten« blicken gelegentlich auf die Alltagsgegenstände mit einem Anflug von Zukunftsangst: Wie lange werden wir sie noch verstehen, ihre Botschaften, ihre Spielregeln, die ständig veränderten Bedienungserfordernisse der elektronischen Geräte? Wie lange werden uns die Dinge noch gehorchen? Werden sie sich irgendwann gegen uns verbünden? Uns den Rücken zukehren? Uns im Stich lassen? Müssen wir es erleben, dass Ding und Begriff wieder auseinanderfallen, als sei man zurückgekehrt zum Anfang des Lebens?

Mit dem Löffel hatte man in der frühen Kindheit gelernt, sich selbst zu bedienen, den Löffel waagrecht zu halten und die Schwenkbewegung zum Mund. Dieses Selbständigkeitssymbol des Jesusknaben erscheint auf vielen Madonnenbildern der Renaissance. Die Muttergottes füttert, und der Jesusknabe hält seinen eigenen Breilöffel in der Hand.

Am Lebensende wieder der Löffel in der Hand des Pflegers. Den Löffel abgeben. Das Saftglas kippt um. In Form der Schnabeltasse kehrt der Becher der frühen Kindheit im Alter zurück.

Der König in Thule, lebenssatt, wirft den Becher in die Flut:

Er sah ihn stürzen, trinken
Und sinken tief ins Meer,
Die Augen täten ihm sinken,
Trank nie einen Tropfen mehr.[22]

Mit alten Menschen drehen sich die Gespräche häufig weniger um Themen als um die Dinge, ähnlich wie in der Kindheit. Gereizte Kommunikation: »Fassen Sie das doch am Henkel an!«, »Stellen Sie das auf die andere Kommode!«, tyrannisiert die alte Dame die Pflegerin. Die Vierjährigen können unduldsam und pedantisch sein wie die Alten. Wie können sie sich aufregen über das von den Erwachsenen verkehrt herum geparkte Spielzeugauto, über die quer auf dem Brot platzierte

Wurstscheibe. Unduldsam in den Gesten, die zu den Dingen gehören sollen.

Und langsam im Umgang mit den Dingen. Bei Kindern wird es mit Nachsicht und Rührung betrachtet. Wie sie sich abmühen mit dem Reißverschluss. Tapfer, Respekt! (Es wird bei ihnen aufwärts gehen.) Bei den Alten gereizt betrachtet. Wie umständlich sie geworden sind! (Es wird bald weiter abwärts gehen.)

Der Einjährige schiebt seinen Kinderwagen. Es rollt, mein Ding, ich bewege es, ich! Angestrengt arbeitet er in der Kurve – anerkennend beobachtet von den Eltern bei seiner Einarbeitung in die Welt. Auf der anderen Straßenseite die alte Dame und ihr Rollator – die Eltern wenden den Blick ab.

Was die Dinge wiegen, das kann man von den Kindern und von den alten Menschen erfahren. Bei den Kindern wundert man sich nicht darüber. Schau, wie die Enkelin sich mit dem Saftkrug abschleppt! Dann müht sich die Hochbetagte mit der Kaffeekanne vom Herd zum Tisch, und die Schwiegertochter erkennt erschrocken, dass dieser Gegenstand ein *Gewicht* hat.

Folgt etwas aus solchen Beobachtungen? Lebensanfang und Lebensende haben, wenn es um den Dialog mit den Dingen geht, viele Berührungspunkte. Passen deshalb die Menschen am Anfang und am Ende ihres Lebens auf eine besondere Weise zusammen, können sie sich etwas geben, bei welchen Gelegenheiten?

Kinder sind geduldiger mit den Kompetenzverlusten der alten Menschen als viele Angehörige der mittleren Generation in der *rush hour* ihres Lebens. Dass die Urgroßtante das Handy an der falschen Seite aufzuklappen versucht, was macht das schon! Beide haben sie mehr Zeit für die Dinge als ihre Betreuer, die Erzieherinnen und die Pfleger im mittleren Lebensalter. Ein Knoten im Schnürsenkel des Turnschuhs muss gelöst werden. Wahrscheinlich gehen es ältere Menschen umständlicher an, und es wird länger dauern. Aber sie sind beim Helfen weniger ungeduldig als die Mütter.

Dass wir bei den Dingen zu Gast sind, ist eine existenzielle Erfahrung, die ein Kind vor allem mit alten Menschen teilen kann. Im Reservat unter den nur Gleichaltrigen, ohne Anschauung des Alters, des geistig aktiven, aber auch des bedürftigen Alters, wird Kindern diese Erfahrung vorenthalten. Neuerdings hört man mehr von sogenannten generationenübergreifenden Projekten. Die kommen immer auch über die Dinge zustande, die die beiden Generationen verbinden. Ein Kindergarten in Berchtesgaden zum Beispiel hat etwas Besonderes für die bettlägerigen Menschen im Pflegeheim nebenan gebaut: einen fahrbaren Garten! Die Idee kam von den Kindern. Eine Art Leiterwagen mit einem großen Blumenkasten wurde gebaut. Die Väter halfen mit. Um die Augenhöhe der bettlägerigen Heimbewohner herauszufinden, legten sich die Kinder probeweise in deren Betten. Dann wurde der Kasten mit Vier-Jahreszeiten-Flora bepflanzt; Küchenkräuter waren auch dabei. Dieser Wagen wird nun von den Kindern einmal in der Woche ins Pflegeheim gezogen. Die Kinder brauchen dort nichts vorzusingen, nichts aufzusagen. Das Ding vermittelt die Kommunikation. Was ist seit vergangener Woche gewachsen, und was wird nächste Woche gewachsen sein? Die Stimmen der Kinder bringen frischen Wind in die Räume, die noch die schweren Nächte atmen, und die alten Menschen richten sich auf. Einige Blumen und Kräuter bleiben zurück auf den Nachttischen.

Und dann bleiben irgendwann viele Dinge übrig. Sie überleben uns. Wir sterben, und sie behalten ihre Dinglichkeit. Die Maler der Vanitas-Motive im Barock versammeln in ihren Stillleben die Attribute der gestorbenen Mächtigen, die Bischofsmützen, Turbane, Kronen und Helme. Ein Totenschädel in ihrer Mitte. Wie abgestorben die prächtigen Dinge in dieser Zusammenstellung wirken, wie im Depot eines Theaters.[23]

Für die Trauernden werden die nahen Dinge des verlorenen Menschen noch einmal Übergangsobjekte. Die Gesten des Verstorbenen scheinen in den Dingen weiterzuleben. »Was geht mich ein Paar Stiefel an, das mein Nachbar im Hotel vor die Tür gestellt hat?«, schreibt Nabokov. »Aber wenn mein Nachbar heute Nacht stirbt – welche menschliche Wärme, welches Mitgefühl, welche zarte, lebendige Schönheit strömen dann diese beiden alten abgetragenen Stiefel mit ihren abstehenden Ösen aus, die dort an der Tür zurückgelassen wurden.«[24]

Der Schreibtisch der Mutter – wie sie die klemmende Schublade mit einem Ruck öffnete und dabei ihr Profil vorstreckte! Sitzt man an diesem Tisch, schlüpft man wieder in die Geste der Mutter, wird von ihrer Geste umarmt. Das war schon zu ihren Lebzeiten so; auch als Kind setzte man ihr Gesicht auf, wenn man sich an ihren Schreibtisch setzte. Und jetzt springt die Geste aus ihrem Ding, und einen Augenblick lang ist die Mutter in uns sehr lebendig.

Der Tod zeigt, dass wir in den Dingen und sie in uns leben. Deshalb vielleicht möchte man Kants Schirm sehen, Romy Schneiders Föhn, Schillers Schreibtisch.

Dichterverehrung hat sich im 19. Jahrhundert zur *Dichtergedenkstättenverehrung* entwickelt. Dreihundert Gegenstände verwahrt die Schiller-Gesellschaft in Marbach aus dem persönlichen Besitz von Schiller. In der Ernst-Jünger-Gedenkstätte in seinem Haus in Wilflingen sind über sechzigtausend Gegenstände, die der Schriftsteller im Lauf eines über hundertjährigen Lebens angesammelt hat, erhalten. Nicht nur seine Spazierstöcke mit geschnitzten Knäufen, sogar die Schildkröte, die ihren Besitzer überlebt hat, ist dort nun ein Ding geworden, ein Exponat!

Wenn die Trauer zu einem Teil der Trauernden geworden ist, löst sich allmählich die Gegenwart des Gestorbenen aus dem Ding. Irgendwann kann der Frack des Vaters in die Altkleidersammlung gegeben werden. Und zu guter Letzt verwandeln sich die hinterlassenen Dinge von der Reliquie wieder zurück in Ware. Vaters Leica wird annonciert und findet einen Käufer.

Flaubert wollte mit seinem Tintenfass begraben werden. Solche Lieblingsdinge, solche »Übergangsobjekte« für die Verstorbenen, sind nicht immer spektakulär oder kostbar. In vielen Kulturen sind sie sehr alltäglich. In Japan zum Beispiel legt man die gebräuchlichsten Dinge auf den Grabstein, die Zigaretten der Lieblingsmarke des Verstorbenen, eine Mandarine, eine Süßigkeit.

Als eine Übung der inneren Vorbereitung auf das Ende des Lebens in der antiken und mittelalterlichen Tradition der *ars moriendi* könnte man eine Auswahl von Alltagsdingen zusammenstellen, die als Hinterlassenschaft für die Angehörigen etwas ausdrücken über unsere Person, über unsere Vorlieben, Schwächen und Gewohnheiten. Und über die Möglichkeiten, die gelebten und die gewünschten. »So eine war ich. – Das fiel mir leicht. Da war ich in meinem Element. – So eine wollte ich nicht sein. – So eine wäre ich gern gewesen, wenn (das Talent oder der Fleiß größer gewesen wären, das Geschlecht, die soziale Klasse, die historischen Umstände besser gepasst hätten …).« Bilanz ziehen und dabei Gegenstände sprechen lassen, in einem persönlichen Vermächtnis, einer kleinen Auswahl von Alltagsdingen aus einem ganzen Leben. Um die Angehörigen nicht mit weiteren Gegenständen im Nachlass zu belasten, könnte man sie auch fotografieren und sie dann zusammenstellen in einem Album oder in einer *slide show*. »Die letzten Dinge« – in einer anderen Spielart.

III

KINDER AUF DEM WEG ZU DEN DINGEN

Kleines Mädchen zieht die Decke vom Tisch

Seit über einem Jahr ist sie auf der Welt
Und noch ist auf dieser Welt nicht alles erforscht
Und unter Aufsicht gestellt.
Jetzt werden die Dinge erprobt,
die sich nicht selbst bewegen können.
Man muss ihnen dabei helfen
Sie verrücken, anstoßen,
von einem Ort zum anderen tragen.
Nicht jedes will das, zum Beispiel der Schrank,
die Anrichte, die unnachgiebigen Wände, der Tisch.
Aber schon die Decke auf dem störrischen Tisch –
an den Rändern fest angefasst –
zeigt sich bereit zur Fahrt.
Und auf der Decke die Gläser, die Teller,
das Milchkännchen, die Löffel, die Schüssel –
sie erzittern vor Freude.
Sehr interessant,
welche Fortbewegung sie wählen,
wenn sie schon an der Tischkante kippeln:
die Wanderung über die Zimmerdecke?
Den Flug um die Lampe?
Den Sprung auf die Fensterbank
Und von dort auf den Baum?
Herr Newton hat noch nichts damit zu tun.
Soll er doch vom Himmel herab schaun
und mit den Händen fuchteln.
Dieser Versuch muss gewagt werden.
Und wird es.

WISLAWA SZYMBORSKA[25]

»Jeder neue Gegenstand, wohl beschaut, schließt ein neues Organ in uns auf« (Goethe)

Wir finden die Dinge vor. Sie sind schon da. Die Vorfahren haben sie uns hinterlassen.

Und doch kann man nicht sagen, dass die Dinge auf uns warten. Wir müssen sie »finden«. Eine aktive, anstrengende, geistige Fähigkeiten erheischende – ja was, Aufgabe, Arbeit?

Die menschlichen Grundbedürfnisse – sich ernähren, sich kleiden, behaust sein – sind von unseren Vorfahren ausgestaltet worden mit abertausend *Dingen*, die uns bei der Befriedigung dieser Bedürfnisse helfen und sie umspielen. Die Dinge helfen uns funktional. Man hält das Fleisch an einem Spieß oder in einem Gefäß übers Feuer, man braucht nicht die Finger mitzugrillen. Aber damit nicht genug. Die Dinge, wie sie sind, fordern uns zur Verbesserung, zum technischen Fortschritt heraus. Und zugleich wollen wir uns an ihnen ästhetisch erfreuen. Früh in der Geschichte der Artefakte wird das Gefäß, der Messergriff mit einem Muster geschmückt. »Im Magen kommt's eh zusammen« oder »Hauptsache, ich hab's warm und trocken« – das ist keine menschliche Einstellung zu den Dingen. Dann gäbe es keine Kulturgeschichte.

Das Kind findet eine unendliche Übermacht des schon Vorhandenen, des Faktischen vor. Gut, dass wir so ahnungslos zur Welt kommen. Wir wären entmutigt, wenn wir gleich wüssten, was da auf uns zukommt. Wir würden es nicht für möglich halten, dass wir zwanzig Jahre später mehr als zwanzigtausend Gegenstände kennen werden.[26] Wir würden aufgeben angesichts eines solchen immensen Lernpensums. Stattdessen scheinen die Säuglinge ausgestattet mit fröhlichem Optimismus, sie strahlen die Überzeugung aus, dass es nichts Besseres geben kann, als sich einen Gegenstand nach dem anderen vorzunehmen.

Zwei bis drei Minuten verwenden sie in den ersten Lebensmonaten darauf, ein Ding hin und her zu wenden, mit Händen, Augen, Mund und Ohr zu erkunden. Dann haben sie es fürs Erste begriffen, sagt die Säuglingsforscherin Mechthild Papousek.[27] Erwachsene denken dann oft, jetzt ist das Ding bekannt, sein Anregungscharakter ist erschöpft, jetzt muss etwas Neues her. Aber anstatt das Kind zu bespielen, kann es oft produktiver sein, es dem Kind zu überlassen, seine Langeweile zu überwinden, indem es sich dem Gegenstand erneut zuwendet. Noch einmal dieser Holzlöffel – kann der nicht noch mehr? Auf den Boden klopfen, und dann ans Sofa, ein Hörtest, ein Materialtest. Das Kind arbeitet ja nicht nur am Verständnis der Dinge, es übt zugleich die Ausbildung seiner eigenen Aufmerksamkeit.

Die sperrige Gegenwelt der Objekte – ein täglicher Hindernislauf. Auch in das Spielzeug für die Babys bauen wir Widerstand ein, kleine Hürden, die das Kind nehmen wird. Beim Wiederholen, Variieren, man kann es Spielen nennen. Üben kann man es auch nennen.

Schieben, Stoßen, Werfen, Rütteln, Rollen, Streicheln. Die Wirklichkeit ist widerständig und reizt zur Auseinandersetzung. Die Grenze zwischen Ich und Ding wird dabei immer wieder neu begangen.

Selbst gestellte Probleme können anstrengend sein. Wenn die acht Monate alte Tochter sich müht, den unter den Schrank gerollten Sahnebesen wieder hervorzuangeln, geht ihr Atem schneller und ihr Herzschlag ist wahrscheinlich beschleunigt. Wenn der Einjährige mit einer Wutfalte auf der Stirn ein Holzblöckchen in einen dafür zu kleinen Behälter zwingen will, glaubt man den Kindern anzusehen, wie ihnen ihr Nicht-Können und ihr Nicht-Wissen geradezu wehtun. Aber merkwürdig, sie suchen die Mühe, mag sie noch so frustrierend sein, kein Pädagoge zwingt sie dazu. Es fällt uns Erwachsenen schwer, nicht einzugreifen und mit unserem längeren Arm den Schneebesen rasch ins Tastfeld des Kindes zurückzubefördern. Aber moderne Eltern und Großeltern bremsen diesen Impuls, sie wissen, dass ihre nachhaltigere Hilfe darin besteht, das Kind nicht um das Erfolgserlebnis seiner eigenen Problemlösung zu bringen. Die Utopie der Babys scheint eben nicht das Schlaraffenland zu sein oder das Rentnerparadies. In dieser Einstellung sind sie die Nachkommen von Adam und Eva. Die hatten es bequem im Paradies, sie waren rundum versorgt und hatten nichts als Freizeit. Und trotzdem war für sie das *Wissen* attraktiver, Risiko hin oder her. *Dann wärt ihr wie Gott!* Diese erste Hypothese muss getestet werden – um den Preis der kausalen Unruhe. »Im Schweiße unseres Angesichts« versuchen wir seitdem, die Welt zu verstehen und zu verändern. Heute, wo Arbeit und das Recht auf Aktivität nicht selbstverständlich geworden sind, geben wir Adam und Eva recht. Die Vertreibung aus dem Paradies: ein Gründungsmythos der Wissensgesellschaft.

Ich-Welt und Ding-Welt, noch nicht eindeutig voneinander abgegrenzt, müssen vom Kind ständig sortiert werden. Belohnt durch das wiederkehrende Hochgefühl, sich dabei selbst als aktives Subjekt zu erfahren. Was ich anstoße, fällt um. Was ich verstecke, ist deshalb nicht für immer verschwunden. ICH habe geschoben, geworfen, gestreichelt, versteckt … ich lebe! Und ich kann viel bewirken. Den Schalter kippen: »Es werde Licht!« Ich, der Weltschöpfer. Und mit der Fernbedienung kann ich »ein Programm« in Gang setzen – ein Druck der Fingerspitze auf einen durch Zufall entdeckten Knopf, und es wird lauter oder leiser –, der Einjährige ist ein Dirigent.

Auch das Tier lernt, ein Trinkgefäß zu benutzen. Und auch junge Tiere sind stolz auf ihre Lernleistungen, damit arbeiten die Dompteure. Aber im Gegensatz zum Tier, dessen Neugierverhalten nur an eine kurze Entwicklungsphase in der Jugend gebunden ist[28], lernt und spielt der Mensch nicht nur in der Kindheit, sondern lebenslang. Die spezifisch menschliche Leistung ist es, während des Tuns die Antwort des Objekts, der außersubjektiven Welt zu registrieren und seine weitere Tätigkeit danach zu steuern. Dieses durch »ständige Reflexion des Erfolgs gesteuerte Handeln«[29] gibt es bei den Tieren nur in schwachen Ansätzen.

In der Fühlungnahme mit den Dingen fühlt das Kind sich selbst, seine eigenen Körpergrenzen. Unter diesem Stuhl kann ich nicht durchkriechen, da stoße ich mir den Kopf. Das Handhaben der Dinge ist auch ein *Sich-selbst-Entwerfen*. Die Gegenstände hat das Kind zwar nicht selbst gestaltet. Aber es erfährt sich mit ihnen auch als ein Gestaltender, es erzeugt selbst Geräusche und bewegte Objekte. Dadurch verändert sich der gesamte Zugang auf die physische Welt, die mehr ist als nur eine Summe von »zu erkennenden« Objekten. Zwischen den Dingen begegnet sich das Kind schöpferisch, nicht nur als Verursacher, als »Konstrukteur«, sondern auch als ein Antwortender. Der auf das Kind zurollende Ball fordert heraus, zurückgerollt, zurückgetreten zu werden. Die Dinge können beruhigen, erregen, drohen.

Und immer bleibt in diesen Interaktionen etwas wie ein Überschuss, ein unverstandener Rest im Ding, eine kognitive Unruhe. Das Post-it-Blöckchen, als es mit einer Ecke unter einem Sofakissen gelb hervorleuchtete, war für den neun Monate alten Poldi verheißungsvoll, beharrlich mühte er sich, seine Muskulatur angestrengt bis in die Zehenspitzen, es an sich zu bringen. Schließlich, es in der Hand hin und her wendend, ist ihm fast eine kleine Enttäuschung anzumerken, als hätte er sich mehr davon versprochen. Weit entfernte Wiesen sind grüner! Er wird weiterhin ein Suchender sein.

In jedem vom Kind explorierten Ding gibt es kreativen

Spielraum. Die Form des Stuhls lädt zum Sitzen ein. Aber umgekippt wird er der Raum einer Höhle oder der Waggon einer Eisenbahn. Und wenn die Dinge verschiedene Deutungen zulassen, dann habe auch ich viele Möglichkeiten! Dann bin auch ich nicht festgelegt auf einen nur zweckgebundenen Umgang mit dem Vorgefundenen auf der Welt!

Vom »Appellcharakter der Dinge« spricht Claus Stieve.[30] Da sind frühe Dinge, die beim Anfassen stillhalten und Ruhe verbreiten im Kind. Der Greifling! Gutes Greifen ist eine Erfahrung, die in der Hand, in diesem erinnerungsstarken Körperteil, gespeichert wird. Und später wieder aufgerufen werden kann an einer guten Klinke, einem guten Treppengeländer, im hohen Alter umso mehr.

Es passt! Der kleine Würfel fügt sich in einen größeren würfelförmigen Behälter, er gleitet in ihn hinein. *Passgenau.* Dieses Behagen, vom Entwicklungspsychologen Karl Bühler »Funktionslust« genannt, suchen die Kinder immer wieder an einer Türklinke, an einem Kippschalter. Die Eisenbahn gleitet auf der Schiene. Später der Reißverschluss, der Schlüssel im Schloss ... Passgenau – im Einklang mit Dingen sein, die sich gegenseitig zuarbeiten, das ist lebenslang ein Genuss. Die Schraube lässt sich in den Dübel drehen, leichter Widerstand, verschiedene Formen und Materialien kooperieren – Problem gelöst! Das Erfolgslächeln des acht Monate alten Säuglings erhellt das Gesicht des fünfzigjährigen Heimwerkers.

Da sind auch die Dinge, die beunruhigen. Der Staubsauger, ein Ungeheuer. Auch wenn er nicht eingeschaltet ist, auch wenn er von beschwichtigenden Kommentaren der Erwachsenen begleitet wird (»Fass mal an, der tut dir nichts«), erstarrt die Zweijährige bei seinem Anblick und wagt nicht, ihn zu berühren. Ein Spielzeugstaubsauger, gekauft zum Angstabbauen, vermag gar nichts. Sie will – Angstlust – herausfinden, was es mit den realen Dingen auf sich hat. Und nicht davon abgelenkt werden mit Dingen, die nur für Kinder produziert werden. Repliken, das interessiert sie nicht.

Eins mit den Dingen: Übergangsobjekte. Stillleben

In diese »Kindheit der Erfahrung«, in die Räume zwischen der Ich-Welt und der Ding-Welt begeben sich auch die Eltern immer wieder zurück, ihrem Kind zuliebe. Die Bedeutung des »Übergangsobjekts« in der frühen Kindheit als einer Brücke zur Außenwelt hat Donald Winnicott beschrieben[31], und die meisten Eltern und Großeltern wissen heute, was damit gemeint ist, auch wenn sie diesen Fachbegriff nicht kennen.

Die Übergangsobjekte des Kindes können von seinen Eltern fast wie die Körperteile ihres Kindes erlebt werden. Panisch hämmert der Vater an die bereits geschlossene Tür vom Bus. Entsetzen im Blick, rennt er dem anfahrenden Bus hinterher. Nicht sein Kind hat er dort vergessen, sondern das Kuscheltuch des Sohnes. Ein grauer Fetzen, dessen Verlust dem Einjährigen ratlose Trauer bereiten wird.

Für die zweijährige Schwester wird der Raum zwischen dem Selbst und der Welt nicht durch ein Kuscheltuch überbrückt; ein Affe aus abgewetztem Samt macht das für sie. Der sagt ihr jeden Abend vor dem Einschlafen in die Handfläche hinein, dass sie sich keine Sorgen zu machen braucht, so wie es ist, ist es okay! Aus der Sicht des Affen allerdings ist das Bündnis mit seiner Besitzerin nicht stabil. Nur abends ist seine Stunde gekommen. Tagsüber wird er vergessen. Wenn das Ding wieder mit dem Gesicht im Staub unterm Schuhregal gelandet ist, bringt es die Mutter nicht über sich, das Übergangsobjekt ihrer Tochter auf der Nase liegen zu lassen. Sie wird sich bücken, wird das Stofftier ans Tageslicht holen, es an die Regalwand lehnen. Und vielleicht murmelt der dankbare Affe etwas Beruhigendes auch in ihre Hand hinein.

Manche Dinge bleiben als intimer Besitz wie eine Verlängerung des eigenen Körpers eine Art Übergangsobjekt, lebenslang. Sie sollen nicht fremdgehen. »Frau und Gewehr leiht man nicht her.« Der Laptop, der Rucksack, der »Moritz-Stein« waren solche Beispiele auf der Liste im vorangegangenen Kapitel.

Gute Krippen, gute Tagesmütter verstehen etwas von Übergangsobjekten. Sie werden sich im Gespräch mit den Eltern und bei den ersten Schritten des Kindes in die neue Umgebung für alles interessieren, was das Kind mitbringt, für seinen Namen und was seine Eltern damit verbinden, für seinen Schlaf- und Wachrhythmus, sein Übergangsobjekt.

Wie sehr kann man dagegen erschrecken beim Eintritt in die Schlafsäle von chinesischen Kinderkrippen. Da steht heute noch Bett an Bett gereiht ohne auch nur die Andeutung eines individuellen, unverwechselbaren Zeichens. Kein Ding weit und breit, das das Kind an die persönliche Welt seiner Herkunft erinnern könnte. Wie dadurch die Kinder selbst wie Dinge erscheinen!

Was es wohl bedeutet, dass Millionen Zeitgenossen unserer Kinder in Deutschland – und sie werden mit ihren chinesischen Altersgenossen in Zukunft viel zu tun haben – schon in frühem Alter gelernt haben, viele Stunden am Tag von sich selbst abzusehen? Mit dem eigenen Blick auf die Dinge und auf sich selbst, mit Introspektion kann man sich in einer chinesischen Kinderkrippe nicht aufhalten. Die Lücke – Lücke aus unserer Sicht – wird gefüllt durch die allgegenwärtige Energie der pädagogischen Umwelt. Diese Energie ist übermächtig, und sie ruft eine ähnliche Energie auch in den Kindern auf. Nicht zögern, nicht langsam werden, nicht zurückfallen! Dabei sein, mit lauter Stimme in die Rezitation einstimmen, sich bei der Gymnastik im selben Tempo wie die anderen Kinder bewegen, auch dabei kann man sich lebendig

Eins mit den Dingen: Übergangsobjekte. Stillleben

fühlen. Pausenlos angefeuert von mächtigen Erwachsenen und von vielen anderen energisch bewegten Kindern im Blickfeld. Die identische Form ausschneiden oder nachzeichnen, es genauso machen wie alle anderen, möglichst noch ähnlicher der Schablone als der Nachbar am Tisch ... so wird ein kollektiver Habitus gegenüber den Dingen angebahnt.

Wir dagegen möchten das Kind beim Lernen von den Dingen nicht nur als einen Nachahmenden herausfordern. Und auch nicht allein in seinem »Denken«, sondern in seinem ganzen Empfinden, in seinem »Erfassen« in einem weiteren Sinn. Und uns dabei offen halten für den individuellen Entwicklungsplan des Kindes: In welchen Bereichen setzt es gerade seine Entwicklungsenergien ein, Motorik, Erforschen der Umwelt, Sprache, Psychologie (*theory of mind*), und welche Bereiche sind ihm zur Zeit weniger wichtig?

In den Zeichnungen der jungen Kinder, die noch keine Zentralperspektive kennen und sich nicht um maßstabsgetreue Proportionen bemühen, erscheinen uns Kinder als Wesen, die von der Welt durchdrungen sind und die von vielen Seiten zugleich in sie eindringen, ähnlich wie in der kubistischen Malerei. Das Welttheater scheinen die Kinder nicht nur als Zuschauer von einem festen Platz aus zu beobachten. Sie wollen immer zugleich auch auf der Bühne agieren, als Zuschauer und als Mitspieler in einer Person. Dieses kognitive Kunststück erkennen wir in ihrem Spiel an ihren Regieanweisungen, wenn sie die Dinge im Konditional des Als-ob beschreiben (»Das wäre mein Lift ... und das wäre dein Schlitten ...«).

Die Dinge blicken zu den Kindern zurück. Auch die holländischen Maler der Stillleben im 17. Jahrhundert wurden vielleicht so von den Dingen angeschaut, von dem irdenen Teller unter der üppigen Last der frischen Früchte, dem fein geschliffenen kühlen Glas auf der unebenen Oberfläche eines massiven Holztisches. Im 20. Jahrhundert der Maler Giorgio Morandi von seinen wesenhaften Flaschen und Gefäßen. Und manchmal beschreiben die Maler und Bildhauer es selbst ausdrücklich so. »Jedes Stillleben ist eine Weltanschauung«, sagt der Fotograf Josef Sudek. Auch Kinder scheinen dieses Bedürfnis nach Stillleben, dem ästhetischen Zusammenspiel der Dinge zu kennen. Manchmal sehen wir sie im Schwimmbad innehalten und ihre Schwimmflügel, die Sonnencreme, den Kamm und einen Apfel auf dem Badelaken arrangieren wie ein Stillleben, um dann das Ensemble nachdenklich mit schräg geneigtem Kopf zu betrachten. »Das Kleine macht den Betrachter groß«, sagen die Objektkünstler Jörg Baesecke und Hedwig Rost. In ihrem Objekt-Theater *Die kleinste Bühne der Welt* – ihre Bühne, auf dem Knie balanciert, ist tatsächlich kaum größer als ein Schuhkarton! – inszenieren sie mit Alltagsgegenständen, mit Zollstock, Wollknäuel, Gemüseschäler, Scheren, Teesieb die großen Dramen der Weltliteratur.[32]

Für die Erwachsenen kann das »künstlerische« und »poetische« Verhältnis zu den Dingen das Zusammensein mit Kindern oft anstrengend machen. Nicht nur die Kinder leben »in ihrer Welt«. Auch wir leben in unserer Welt. Der aus unserer Sicht sprunghafte, diskontinuierliche Umgang der Kinder mit den Dingen macht uns Mühe. »Sie bleiben nicht bei der Sache«!

Beseelte Dinge

Als Kinder haben wir einzelne Gegenstände beseelt, ihnen menschliche Eigenschaften zugeschrieben. Und bei den Dichtern, bei Eichendorff, E. T. A. Hoffmann, Hofmannsthal, Rilke, Baudelaire, Virginia Woolf, Handke, bei den Haiku-Dichtern, erscheinen oft die Dinge wie in der »Kindheit der Erfahrung«: Sie flüstern miteinander und raunen, sie werfen

Beseelte Dinge

lebende Schatten, sie bewegen sich im Dunkeln von ihren Plätzen. »Animistisch wahrzunehmen ist das letzte Vorrecht des Lyrikers.«[33]

Rilke leidet im Gedränge der vielen Dinge, die Gleichgültigkeit gegenüber dem einzelnen Ding tut ihm weh. Er lebt mit der Erfahrung einer Kindheit in der Gründerzeit, als nach der industriellen Revolution die Waren in nie da gewesenen Massen produziert werden – Dingstatistiken des 19. Jahrhunderts weisen es aus –, in dieser Zeit, als die ersten Kaufhäuser im Stil von Kathedralen gebaut werden, als in den bürgerlichen Wohnungen Scharen von Dienstboten mit der Pflege der Repräsentationsgegenstände beschäftigt sind. Die Gründerzeit-Interieurs kaschieren möglichst den Gebrauchswert der Dinge hinter Draperieren und Polstern, und sie massieren die Dinge noch durch funktionslose Ziergegenstände, Kordeln, Ketten, Pflanzen. In diesem Ding-Dschungel, in den durch Erker und Kabinette verschachtelten Wohnungen, möchte der junge Rilke den Dingen »ein Bruder sein«. Will in ein einzelnes Ding hineinhorchen, will sich verbünden mit der »Unschuld« der Dinge, im Allgefühl ihrer »Reinheit«. »Ein jedes Ding kann der liebe Gott sein. Man muss es ihm nur sagen.«[34] Der Dichter will »seine Seele wie ein Federkleid über die sinnenden Dinge breiten«. »Immer verwandter werden mir die Dinge / und alle Bilder immer angeschauter.«[35]

Gegenstände zu beseelen ist nicht nur kindlich, es ist auch nicht »primitiv« oder »animistisch«. Es widerfährt auch immer wieder uns Erwachsenen, weil viele Dinge spontan lebendig wirken. »Dinge haben eine gewisse Ähnlichkeit mit dem Menschen. Unterhosen auf der Leine vollführen bei auffrischendem Wind einen idiotischen, aber sehr menschlichen Tanz«, schreibt Nabokov. Und: »Zwischen einem runden Glaslampenschirm und der Glatze eines Denkers, der von einer Idee erleuchtet ist, besteht eine beruhigende Ähnlichkeit.«[36] Die Dinge blicken aber nicht nur deshalb zurück, weil wir menschliche Eigenschaften auf sie projizieren, sondern auch, weil wir die Gegenstände häufig mit menschlichen, physiognomischen Merkmalen ausstatten. Wir haben den Autos zwei Scheinwerfer gegeben, wie Augen, nicht drei. Eine Schraube, die das Gewinde einer anderen Schraube aufnehmen kann, nennen wir Mutter. In der Physik spricht man von trägen Körpern und von schwachen Batterien. Und wir taufen Schiffe! Kein Wunder, dass die Alltagsgegenstände in Seancen zu leben beginnen.

Diese Projektionen in die Dinge spiegeln die Seherfahrungen der jeweiligen Zeit, bei Nabokov zum Beispiel folgendermaßen: »Uhren, die auf zehn vor zwei stehen, erinnern an das bärtige Gesicht Kaiser Wilhelms, Uhren, die auf zwanzig nach acht stehen, erinnern an ein Gesicht mit chinesischem Bart.«[37]

Eine Uhr kann freundlich, beruhigend, sachlich oder vorwurfsvoll schauen. Deshalb unterstellt man ihr noch keine Magie, das wäre etwas anderes. Man weiß, sie ist ein Objekt, von Menschenhand gemacht. Aber in Kindern und Erwachsenen kann der »Appell der Dinge« eine ganze Skala von Gefühlen auslösen. Der Ball rollt auf mich zu, er mag mich, er will zu mir.

Ihre sozialen Erfahrungen dienen Kindern lange Zeit als Vorbild zur Erklärung von Naturphänomenen. Sie versetzen sich in die Dinge: Magnet und Papier »können nichts miteinander anfangen. Sie helfen einander nicht«. Die Stimmgabel und eine hölzerne Stuhllehne »mögen sich gern«, zusammen lassen sie einen Ton erklingen.

Die Vierjährige blickt über den Tisch vor dem Abdecken. Da schaut ein Zipfel einer roten Serviette unter einem Teller hervor. »Das wäre die Zunge vom Krokodil.« Und dann beginnt gleich die Suche nach passenden Requisiten. »Das wäre sein Futter. Und damit schwimmt es in sein Versteck.«

Im Spiel wird zweierlei geübt, die zweckgebunden funktionale und die alternative Dimension der Dinge. Das Spiel beginnt mit dem »wirklichen« Gegenstand, dem Sahnebesen, der zum Mikrofon der Band werden soll. Weil man mehrere Mikrofone braucht, wird in anderen Küchenschubladen nach weiteren Schneebesen gesucht, denn da gehören sie hin, es sind Küchenutensilien. Nach dem Spiel, *when the party is over,* wird das zum Mikrofon transzendierte Ding umso bewusster wieder in seiner ursprünglichen Bedeutung erkannt als ein Küchenwerkzeug, das man zum Aufräumen in die Küche zurückbringen soll, um es wieder korrekt einzusortieren. Ähnlich wie man auch im Vater-Mutter-Kind-Spiel nach der Trance des Rollenwechsels immer wieder neu erfährt und neu darin bestätigt wird – *when the party is over* –, dass man selbst ein Kind ist.

Der Blick der Anderen: Dinge im Dialog

Das könnte so verstanden werden, als sei das Kind auf dem Weg zu den Dingen allein. Und das ist es tatsächlich auch oft. Einsam mit den Dingen, und dabei kann es sich wohlfühlen, wir sehen die Kinder die ungestörte Zwiesprache mit einem Gegenstand suchen. Unbeweglich, wie überwältigt, können sie lange vor dem Auge der Waschmaschine oder vor einer Sanduhr sitzen. Und doch sind in den Dingen die Gesten der anderen Menschen präsent, auch die der abwesenden Menschen, und jedes Ding wird nicht nur in seiner Materialität, sondern immer auch in seiner sozialen Bedeutung erkundet.

Die Sachforschung des Kindes ist immer zugleich Sozialforschung. Was sagt der Andere dazu? Bereitwillig unterstellen die Kinder, dass die anderen Menschen recht haben, es besser wissen. Das ist Anpassung, man kann es aber auch Vertrauen nennen, eine pro-soziale Grundhaltung und auch eine pro-dingliche, pro-faktische Haltung.

Dieses menschlich-kindliche Urvertrauen in die Ding-Welt und in die Deutungsmacht der Erwachsenen ist grundkonservativ. Das Bestehende besteht, also ist es gut und richtig. Die Kooperationsbereitschaft des Kindes mit den Dingen und mit den Erwachsenen ist unkritisch. Es macht fürs Kind erst einmal keinen Unterschied, ob es einen Handbohrer exploriert oder eine Kalaschnikow, eine Wäscheklammer oder eine Mausefalle. Diese Kooperationsbereitschaft ist zäh, ist Willen zum Leben, wehrt sich gegen Erschütterung und Infragestellung. Sie kann blind sein, tragisch sein. Das Verhalten der Erwachsenen und die Dinge sollen Sinn machen, unbedingt, auch in der zerrütteten Familie, auch im Konzentrationslager. Warum wäre alles denn da, wenn es keinen Sinn machte? Das ist der Brennstoff des Überlebens. Dieses unerschütterliche Unterstellen von Vernunft und Gutwilligkeit der Anderen hat einem Jugendlichen das Überleben im Konzentrationslager geschenkt.[38] Und es hat jüngere Kinder im Lager dazu gebracht, dem Arzt Mengele ihren Arm mit der Tätowierung ihrer Häftlingsnummer so hilfreich vor die Augen zu halten, dass er sie leichter ablesen konnte. Kooperieren, Kommunizieren! Die Kinder waren durch ihre Häftlingsnummer längst wie Dinge, Versuchsmaterial geworden. Und nun vollzogen sie es selbst noch ein weiteres Mal. Immer wieder im Dialog sein wollen mit dem Stärkeren, Wissenderen, über etwas Drittes, und sei es eine Häftlingsnummer. (Diese Szene ist für mich ein erschütternder Gegenbeweis dafür, dass pädagogische Qualität sich nicht daran erweist, dass Kinder bei einer Aktivität »begeistert mitmachen«.)

Auch Grundschulkinder heute, bei denen wir mehr Skepsis gegenüber pädagogischen Angeboten der Erwachsenen vermuten würden, können uns überraschen durch dieses bereitwillige Unterstellen von Sinn in rätselhaften Problemstellungen. Schülern im Alter von sechs bis zehn Jahren wurden

Zeichnungen von ungewöhnlichen Werkzeugen oder mechanischen Maschinenteilen vorgelegt: Saugglocke, Teichpumpe, Inhalator, Angelrolle, Luftbefeuchter. Was seht ihr in dem Ding? Während sich Erwachsene verunsichert den Kopf nach der einzig richtigen Antwort zerbrechen würden, legten die Kinder vertrauensvoll los und assoziierten ein Fingernägelkürzgerät, einen Obstrasierer, einen Gespenstereinsauger, einen Roboterarm – exotische, aber sämtlich hilfreiche und gutartige Werkzeuge und Instrumente. Sie dachten sich plastische Bezeichnungen für das Dingsda aus, und sie formulierten gleich auch noch hilfreiche Bedienungsanleitungen dazu.[39]

Zurück zu den frühen Dingen. Das eine oder andere bleibt unzugänglich und lässt sich nicht erschließen. Dann nimmt das Kind sich den nächsten Gegenstand vor. Die Dinge kommen nicht nur den elementar physischen Bedürfnissen entgegen, Hunger und Durst zu stillen, nicht zu frieren, sondern auch dem Bedürfnis des Kindes, seine Sinnesreize zu steigern, einen angenehmen Geschmack im Mund zu spüren, weich berührt zu werden, und den geistigen Bedürfnissen, etwas Neues zu erleben, einen Widerstand zu überwinden.

Bei seinen tagtäglichen Expeditionen durch die Urwälder der Ding-Welt bahnt das Kind sich seine eigenen Pfade. Aha, ein Mensch bindet ein Stück Stoff aus einem bestimmten Material, das an einem bestimmten Ort (Schublade wird man es später nennen) aufbewahrt wird, um seinen Kopf oder seinen Hals. Ein ebenso großes Stück Stoff aus anderem Material wird an anderem Ort, bodennäher, aufbewahrt (bei den Putzeimern, wird man später sagen), das benützt man nur zum Aufwischen von Hellem, Flüssigem (Milch wird man es später nennen) auf dem Boden. Diese Milch auf dem Boden lecken die Großen nicht auf. Nur andere Lebewesen, die weich sind, aber auch kratzen können (Katzen wird man sie später heißen). Aber die Milch in dem weißen kalten Ding, das man in beiden Händen halten und schräg kippen kann (später Tasse genannt), und dazu die Untertasse, diese Milch darauf kann man auflecken, ohne dass die Hand eines Großen dazwischenfährt ...

Die Aufmerksamkeit des Kindes, haben Säuglingsforscher beobachtet, ist ausdauernder, wenn ein Erwachsener im Raum ist, nur anwesend ist, auch wenn er das Kind nicht aktiv stimuliert.[40]

Wie rasch ein Kind bei der Untersuchung von Gegenständen den Blick der Erwachsenen sucht, seine Interpretation erfahren will, darin unterscheiden sich einzelne Kinder deutlich. Eltern mit mehreren Kindern können davon erzählen, und Säuglingsforscher bestätigen es. Der amerikanische Säuglingsforscher Andrew Meltzoff hat in seinen Laborstudien bei Hunderten von Babys im Alter von drei bis achtzehn Monaten große Unterschiede, er nennt es »unterschiedliche Dispositionen« oder gar »spezifische Begabungen«, beobachtet.

Manche junge Kinder sind besonders fasziniert von Objekten, sie beschäftigen sich lange konzentriert mit der Erkundung von Materialeigenschaften, Umrissen und Räumen.

Könnte man aus ihrem frühen Zugriff auf die Dinge etwas ablesen, etwas voraussagen über ihr künftiges Lebensschicksal? In Tibet zum Beispiel ist man davon überzeugt. Unter den männlichen Babys wird Ausschau gehalten: Wo ist der neue Dalai-Lama? In welchem Baby ist er wiedergeboren? Regelrechte Tests werden veranstaltet: Nach welchen Gegenständen greift ein Kind spontan? Nur nach glitzernden Dingen, oder erkennt es wesentliche Gegenstände aus dem Besitz des Dalai-Lama wieder und wendet sich diesen zu?

Auch in Japan, einer Erziehungskultur, die sich eigentlich wenig für angeborene Begabungen oder für die Individuation im Kindes- und Jugendalter interessiert, blickt man genau auf die Appelle der Dinge, die schon von ganz jungen Kindern sehr unterschiedlich aufgegriffen werden. Sie könnten Aufschluss geben über den künftigen Beruf des Kindes: Interessiert sich der Einjährige besonders für den *soroban* (den Abakus, die asiatische Rechenmaschine) oder für einen Pinsel, für den Kamm?

Friedrich der Große ernannte seinen Neffen Prinz Friedrich, den späteren König Friedrich Wilhelm II., im frühen Kindesalter zum Offizier. Der Kleine hatte unter den ihm angebotenen Dingen, den Tabatieren, Etuis und Taschenuhren, sich nur für den Degen interessiert und spontan nach ihm gegriffen.[41]

Andere Babys sind nicht so fasziniert von Materialeigenschaften und Formen physischer Objekte. Sie sind stärker sozial interessiert, sie suchen Blickkontakt und reagieren spontan und empathisch auf subtile Veränderungen in der Mimik, der Stimmlage, der Körperhaltung ihres Gegenübers.[42] Diese »Dispositionen« können geschlechtsspezifisch noch verstärkt werden. Man hat beobachtet, dass Mütter die männlichen Babys im Spiel öfter von sich selbst wegdrehen und ihr Interesse auf Gegenstände lenken, den Ball, das Auto, während die Mütter mit den Mädchen länger den Blickkontakt und das Sprechen von Angesicht zu Angesicht suchen. Das könnte auch mit erklären, warum Mädchen meist früher zu sprechen beginnen als Jungen.

Wenn das Kind sich ein Ding vornimmt, greift es die begleitenden Blicke der Erwachsenen auf und repliziert die Handhabung, die Gesten des Erwachsenen. Es bildet einen Gestus, einen Habitus aus, der zeittypisch ist. Und klassenspezifisch: Wie ängstlich oder achtlos oder wie selbstverständlich ein Kind mit den Dingen umgeht, wird durch die soziale Klasse vermittelt. Diesen Habitus übt das Kind im Rollenspiel, und wenn es den Tisch deckt, wenn es in einem Buch blättert, wenn es einen angebissenen Apfel in den Müll wirft, und wenn die Vierjährige sich eine Handtasche über die Schulter hängt.

Schauen wir auf einige dieser sozialen Dimensionen der Dinge, die sich das Kind in der Kommunikation mit Erwachsenen erschließt.

Geben und schenken

>*Die Nachbarin hat uns Theaterkarten geschenkt!*«
»*Was hat sie gegen uns?*«
KARL VALENTIN

Kinder in frühem Alter »geben« gern. Dem großen Menschen einen Knopf, einen Kieselstein in seine Handfläche. Greifen und wieder loslassen sind schon nicht mehr Reflex, sondern eine willentliche Handlung. Das erfreute Gesicht und die freundlich erregten Töne, die das beim Gegenüber auslöst, sind eine angenehme Antwort auf diese Aktion. Das wird man gleich noch einmal und noch ein weiteres Mal wiederholen. Mit Schenken hat diese Interaktion aber noch nichts zu tun. Vom Geben zur Gabe – da kommt etwas anderes ins Spiel. Schenken muss gelernt werden, es ist eine komplexe soziale Grammatik. Ein Zirkulationsprozess wird in Gang gesetzt, ein Regelwerk von Verpflichtungen auf Gegenseitigkeit. Durch das Geschenk inszeniert sich der Schenkende, und das Geschenk ruft eine Gegenleistung auf.[43] Die Gabe stellt einen Anspruch an den Anderen und kann deshalb auch als Übergriff erlebt werden.

In unserem Haus wohnte Frau Hellermann. Sie war adipös und galt als schwierig und empfindlich. Mit meinen Freundinnen dachten wir uns für sie ein Geschenk zum Nikolaus aus.

Wir beklebten eine Tüte mit Nikolaus-Motiven. Als Geschenke legten wir fünf sorgfältig verpackte Stücke Würfelzucker und eine leere Toilettenpapierrolle hinein. Wir klingelten bei ihr und überreichten die Tüte als einen kleinen Gruß von meiner Mutter zum Nikolaus. Frau Hellermann war erfreut und bedankte sich. Meine Freundinnen und ich fanden das hochwitzig und liefen kichernd davon.

Frau Hellermann fand es gar nicht witzig. Aufgebracht beschwerte sie sich bei meiner Mutter. Meine Mutter – was fällt euch ein! Du gehst jetzt sofort zu Frau Hellermann und entschuldigst dich! Da mussten wir es leider begreifen: Mit Geschenken ist nicht zu spaßen. Warum hatten wir ausgerechnet Frau Hellermann für diesen Anschlag ausgesucht? Weil sie »zu dick« war, wehrlos, in unserer unbarmherzigen Wahrnehmung? Mit einem beleidigenden Geschenk traut man sich als Kind ja nicht zu jedem Empfänger. Etwas davon wurde uns damals klar, mithilfe meiner Mutter und mithilfe von Frau Hellermann.

Und warum war das Geschenk beleidigend? Weil die Verpackung, die Geste des Überreichens etwas versprach, das nicht eingehalten wurde, sondern im Gegenteil die Erwartung der Empfängerin verhöhnte. Nicht dass der Inhalt wertlos war, im Sinn von Warenwert, war beleidigend. Sondern dass man der Empfängerin zumutete, ein Stück Abfall auszupacken, und dass wir ihre vertrauensvolle Beziehungserwartung an meine Mutter brüskierten. Frau Hellermann war, wie man heute sagen würde, nicht souverän genug, diesen aggressiven Akt von drei kleinen Mädchen herunterzuspielen und als Kinderstreich zu bagatellisieren. Oder mit uns darüber zu sprechen, wo beim Schenken der Spaß aufhört. Aber sie hatte recht, sich dagegen zu wehren.

Vom Wert der Dinge: Ware und Eigentum

Dass eine leere Klopapierrolle wertlos ist, wussten wir mit acht Jahren. Auch dass Zuckerwürfel »nicht viel wert sind«, obwohl wir natürlich nicht wussten, dass sie noch vor einigen Jahrhunderten eine Kostbarkeit gewesen waren, die nur an aristokratischen Tafeln genossen wurde, und dass zu jener Zeit fünf Zuckerwürfel tatsächlich ein ansehnliches Gastgeschenk gewesen wären.

Das Kind setzt sich mit den Dingen nicht nur in ihrer Materialität auseinander, sondern mit den vielen Botschaften der materiellen Kultur. Die historischen und klassenspezifischen Dimensionen der Dinge sind immer mit im Spiel.

Zu den Dingen haben wir sowohl eine Wert- als auch eine Sachbeziehung, wir gehen mit ihnen immer auch gemäß ihrem Gebrauchswert und ihrem Tauschwert um, auch wenn uns das nicht bewusst ist. Wenn ein erwachsener Mensch nicht versteht, dass die Dinge auch *Waren* sind, etwas wert sind, ist er unfähig zu leben, man müsste ihm einen Betreuer zur Seite stellen. Er würde alles falsch machen, auch wenn er jeden Handgriff technisch korrekt machte. Wenn ihm auf der Straße ein Streichholz in den Gully fiele, würde er vielleicht die Feuerwehr rufen, um es herausholen zu lassen, anstatt das nächste Streichholz anzuzünden. Wir werfen die Einwegflasche weg, aber nicht den Korkenzieher, weil wir wissen, was Ware und Warenwert sind. Die Einjährige im Sandkasten weiß es noch nicht. Ob sie mit einem Stöckchen oder mit dem Griff der Plastikschaufel ihre Striche in den Sand zieht, macht für sie keinen Unterschied.

Da warten auf sie noch viele Denkaufgaben.

Kleine Dinge sind oft mehr wert als große Dinge, ein Ring ist mehr wert als der viel größere und schwerere Wecker. Eine Uhr kann fünfzig oder fünftausend Euro kosten, beide zeigen sie die Zeit, ihr Gebrauchswert ist nahezu identisch, warum kostet dann die eine hundert Mal so viel? Wert hat also mit Gewicht und Umfang nichts zu tun. Und was hebt das Ding über seinen Gebrauchswert hinaus? Bei diesen komplizierten Bestimmungen geraten Erwachsene im Gespräch mit den Kindern oft an ihre Grenzen. Und doch braucht es diese Gespräche. Gemeinsames kritisches Nachdenken bahnt Kindern den Weg zu einer eigenen Haltung gegenüber den Produkten und der Propaganda der Labels.

Was macht ein Ding zum Eigentum? Auf dem Boden im Wald entdecken zwei Waldkindergartenkinder einen toten Falter, der ungewöhnlich ist: Das zarte Gewebe seiner Flügel ist unbeschädigt erhalten. Behutsam auf die Handfläche genommen, beschauen sie ihn genau. Dann beginnt eine Verhandlung.

»Ich hab ihn gefunden, deshalb gehört er mir.«

»Deshalb gehört er dir aber gar nicht.«

»Irgendeinem muss er ja gehören.«

»Wir können abwechseln! Drei Tage bei dir, drei Tage bei mir.«

Aufgrund seines Seltenheitswerts wird das tote Insekt als ein besonderes Phänomen wahrgenommen und durch die Arbeit des Findens zu einem Ding gemacht, über dessen Wert und Eigentumsrechte der Finder selbst bestimmen will. Oder wurde der Falter erst gemeinsam zu einem Ding durch den Diskurs mit dem Freund? So gesehen hätte der Freund auch mitproduziert und hätte ein Mitspracherecht und einen Eigentumsanteil.

Das sind Tauschverhandlungen, Warenverhandlungen. Eine ökonomische Urszene, überlagert von zivilen Umgangsformen in einem Waldkindergarten: Man hat gelernt zu teilen, zu verhandeln.

Im Zusammensein mit den Kindern bringen die Eltern ihnen ständig neue Facetten der Warenbeziehungen bei. Die Kinder lernen früh das »Prinzip Ware« kennen, sie gehen im Kindergartenalter mit den Dingen zunehmend auch als Werten um. Im fortgeschrittenen Kindergartenalter wird es mehr und mehr zum Thema ihres Spiels. Es geht zwar noch kreuz und quer durcheinander, zum Beispiel in ihren Vorlieben für bestimmte Berufe. Gehalt, Status, Aufstiegsmöglichkeiten, Selbstbestimmung am Arbeitsplatz sind keine Kriterien für Kinder, sondern welche Maschine da bedient wird, welche Mütze, welcher Helm dazugehört, die sinnliche Ästhetik des Berufs. Der Klavierträger mit seiner Körperkraft ist als Berufswunsch faszinierender als der Klavierspieler. Aber Kinder im Kindergartenalter wissen bereits, dass Dinge etwas wert sind.

Und schon früh setzen sie sich mit dem »Prinzip Eigentum« auseinander. In öffentlichen Räumen, erfahren sie, hat man einen anderen Zugriff auf die Dinge als daheim, im »Haushalt«. In der Familie werden zwar auch Eigentumsregeln gelernt, zum Beispiel beim Essen. Das ist mein Teller, und darauf liegt meine Portion. Von der kann ich abgeben, aber darüber bestimme ich. Unter meinem Regenschirm, meinem kleinen aufgespannten Himmel, habe ich ein transportables trocknes Plätzchen für mich allein, ich kann dich einladen, es mit mir zu teilen, aber darüber bestimme ich. Auf meine Dinge im Spielzeugregal habe ich immer Zugriff: »Hausgebrauch«.

Im Kindergarten gelten andere Eigentumsregeln. *Du kannst dich hier nicht einfach bedienen! Das Spielzeug ist für alle da!* Da muss verhandelt werden.

Und in den Regalen im Kaufhaus hat die Selbstbedienung wieder andere Regeln, und die sind nicht verhandelbar.

Arm sein, reich sein, viel oder wenig Geld haben, man kann gar nicht anders, als darüber nachzudenken. Kindergartenkinder sprechen mit der Philosophin Frauke Hildebrandt:

FH: Wer bestimmt eigentlich, wer viel Geld hat und wer wenig Geld hat?

MONTY: Das bestimmt keiner. Das spart man. Manche haben nicht gespart. Manche haben doch gespart. Zum Beispiel Angela Merkel. Die hat sehr viel Geld. Weil sie die Bundeskanzlerin ist.

FH: Warum haben die armen Leute denn nicht gespart?

MONTY: Weil sie ganz wenig Geld haben.

MADELEINE: Wenn sie ganz wenig auf dem Konto haben, dann sind sie arm. Oder wenn sie gar kein Konto haben, dann sind sie ganz arm.

FH: Wie kommt das aber nun, dass einer viel und der andere wenig hat?

MONTY: In Afrika wegen der Wirbelstürme. Und sonst. Wenn sie mal nicht sparen oder sich zu viel kaufen, dann haben sie zu viel Essen und zu wenig Sachen. Wenn sie viele Sachen haben, müssen sie viel waschen und brauchen viel Weichspüler. Und dann sind sie wieder arm.[44]

Die Kinder ziehen heran, was sie wissen, es ist nicht wenig, und versuchen es zu kombinieren in Hypothesen, Meinungen, moralischen Parteinahmen: »Wirbelstürme«, »Afrika«, »Angela Merkel«, »Weichspüler«, »Bundeskanzlerin«, »Konto«, »Sparen«. Der Sprach- und Argumentierlust von Kindern Stoff zu geben, das scheint das wichtigste Anliegen beim Philosophieren mit Kindern zu sein.

Die Erwachsenen beschäftigt die Frage nach der Armut in der Welt nicht weniger, und sie ist immer wieder zu groß für uns. Und doch kann man ihr nicht ausweichen. Mit den Kindern kann man üben, die Argumente zu sortieren, abwegige Argumente zu entkräften. Und das Nachdenken über Recht und Unrecht sollte möglichst Konsequenzen im nahen Erfahrungsbereich haben. Auch wenn wir am Ende das Ergebnis, dass es in der Welt nicht gerecht zugeht, im Raum stehen lassen müssen.

Die feinen Unterschiede

Die Dinge können ihre Benutzer vergrößern. Das verspricht die Werbung. Oder verkleinern, dann schämt man sich für sie, stellvertretend für die Familie oder für das Dorf, oder für eine ganze Gesellschaft. Herta Müller erinnert sich: »Wenn wir aus dem Dorf in die Stadt kamen, erkannte man uns gleich an unseren zu dicken Kleidern. Wir waren eingemummt. Die Städter trugen leichte Kleidung.«[45] Der Kulturbeutel aus DDR-Produktion, über den sich seine Besitzerin bei Verwandtenbesuchen im Westen schämte, weil er in der Konkurrenz mit den anderen eleganten Kosmetikartikeln unterlag, war ein solches Beispiel auf unserer Liste der »bedeutenden Dinge«.

Pier Paolo Pasolini beschreibt in seinen Briefen an den fiktiven sechzehnjährigen neapolitanischen Jugendlichen »Genariello« seine frühen Erinnerungen an ein Ding, von dem er seine »erste Lektion« der sozialen Zugehörigkeit erhielt. »Ein durchsichtiger weißer Vorhang, unbeweglich vor einem Fenster, das in etwas Dunkles und Tristes führte.« Pasolini erinnert sich an große Angst vor diesem Vorhang, »kosmische Angst«. In ihm verdichtete sich für ihn alles, was er in dem bürgerlichen Haus seiner Geburt in Bologna mit Widerwillen als dessen Geist erlebte, in welche Welt hinein er unveränderbar geboren worden war, »das lehrte mich der Vorhang«. Später gab es dann andere »Diskurse der Dinge«, mit ländlichen, proletarischen, subproletarischen Gegenständen, Dinge in anderen Landschaften, in Dörfern und Vorstädten, und dennoch blieben für ihn die ersten, »autoritären«, wie er sagt, Eindrücke die bestimmenden, und die späteren erschienen ihm wie anormal, ohne Realität. »Die Erziehung durch die Dinge, durch die physische Realität, macht ein Kind körperlich zu dem, der es ein Leben lang sein wird.« Allenfalls die Erziehung durch die Gleichaltrigen sei mit der Wirkung der Dinge zu vergleichen.[46]

Die feinen Unterschiede wahrnehmen zu können ist wichtig. Sie sind eine uns beherrschende, oft bedrückende soziale Realität. Wir registrieren sie, unwillkürlich, das Muster einer Krawatte, den Tonfall beim Trinkgeldgeben, die Sporttasche. Es wäre uns lieber, Kinder hätten diesen Blick nicht. Aber das Verhältnis zwischen ihrem Status und ihren Dingen beschäftigt Kinder spätestens ab dem Schulalter. (Wie viel die Werbung davon versteht!)

Für die Kinder wird die Statuserfahrung nicht nur durch das bestimmt, was sie in der Gegenwart besitzen. Sie ist dynamisch, sie bestimmt sich auch dadurch, was man in Zukunft vermutlich »haben wird«. Weniger oder mehr – die Bewegung des vermutlichen Aufstiegs oder befürchteten Abstiegs einer Familie beeinflusst das Selbstbewusstsein eines Kindes auf andere Weise als der aktuelle Besitz. Diese Ahnungen und Wünsche kamen in den Kindheitserinnerungen immer wieder zur Sprache, auch in einigen Beispielen auf unserer Liste. Die exotische Puderquaste verhieß den Aufstieg in ein Luxusleben, der spießige Tropfenfänger sprach von kleinbürgerlicher Enge, in die man nicht absinken wollte.

Der Wunsch, das Kind soll es einmal besser haben als seine Eltern, wird vom Kind früh als Auftrag erlebt und geht Hand in Hand mit einer geschärften Wahrnehmung für die »feinen Unterschiede« – eine unvermeidliche Nebenwirkung der hohen Bildungserwartungen auch in den sogenannten bildungsfernen Familien.

Wie gehen Erzieher damit um? Für den Statusgewinn durch die in der Mode angesagten Dinge werden sie von den Kindern kaum als Vorbilder eingesetzt. Pädagogen sind für die Kinder in Kindergarten und Grundschule eher etwas wie

Sonder-Erwachsene, sie sind Mittler zwischen ihnen und der Welt. Die wirklich einflussreichen Vorbilder im Ding-Gebrauch sind die Prominenten im Showgeschäft, die, von denen man aus dem Fernsehen erfährt, diese Erwachsenen, die in der Welt bestimmen, aber nicht mit den Kindern reden.

Mit den Erziehern gibt es Gespräche, es ist ihr Terrain. Zum Beispiel über das Verhältnis von Tauschwert und Gebrauchswert – es muss nicht immer das drei Mal so teuere Markenprodukt sein. Über Nachhaltigkeit – es muss nicht alles aus Plastik sein. Und lässt sich das Ding auch reparieren? Die Erwachsenen kommen sich vielleicht in solchen Gesprächen moralisierend vor, oder brav. Da kann die Erfahrung mit Dingen aus der Weltwissen-Vitrine helfen. Mit dem Hängekleid, das sich die sechsjährige Hanna aus Stoffresten und mithilfe von Schnittmuster und Schnitträdchen aus der Vitrine selbst genäht hatte, erregte sie mehr Bewunderung und Aufmerksamkeit als mit jedem gekauften Kleid.

Feine Unterschiede wahrzunehmen ist stilbildend. Aber der persönliche Stil sollte auf die eigenen Bedürfnisse abgestimmt sein und nicht nur in Abgrenzung von den anderen, denen mit dem schlechten Geschmack, entwickelt werden. Stilpluralität kann man üben und bestärken, am Beispiel von Dingen, die von anderen Lebensstilen in anderen Generationen und Kontinenten erzählen. So kann man auch sein, so kann man auch gut leben!

Wieder einmal werden wir oft verblüfft sein über die präzise Wahrnehmung der »feinen Unterschiede« schon bei sehr jungen Kindern. Etwa beim vierjährigen Anton, dem seine Mutter in der Badewanne die Haare schneidet: »Aber mach's nicht so kurz. Nicht dass ich dann aussehe wie dieser Hitler!« Ein Vierjähriger im Jahr 2010 hat nicht nur eine berühmte unsympathische Gestalt kennengelernt und sich ihren Namen eingeprägt, er verbindet diese Eigenschaften mit einem feinen

Unterschied in der äußeren Wahrnehmung, einem kantigen Haarschnitt. Und er weiß – Anspielung genügt –, er gehört einer Konsensgemeinschaft an. Niemand will aussehen wie Hitler.

Hab-seligkeiten: Sammeln. Der Messi

Sammeln bedeutet, in der grenzenlos unübersichtlichen Dingwelt ein Terrain abzustecken, nach selbst gewählten Maßstäben. Sammeln ist kein triebhaftes Heranraffen. So ding-nah diese Tätigkeit auf den ersten Blick wirkt, sie zielt immer auch auf Abstraktion vom Konkreten. Es muss ein Kriterium der Vergleichbarkeit geben, eines oder einige wenige Merkmale müssen aus vielen anderen isoliert werden, und dabei geht man unvermeidlicherweise auf Abstand zu den Objekten. Beim Sammeln kann man der Komplexität der Welt eine eigene Ordnung entgegensetzen, man hält die Dinge dadurch sozusagen in Schach. Mit Distinktion hat es auch zu tun, niemand hat genau die gleiche Sammlung wie ich. Die Sammlung wächst von Jahr zu Jahr, dadurch bekommt das eigene Leben Geschichte. Und ich vermehre, häufe Schätze an, ich werde reicher und reicher.

Manche Kinder sind zeitweise besessene Sammler. Was wird gesammelt? Kronkorken zum Beispiel. Wer hatte die beiden Sechsjährigen auf diese Idee gebracht? Während der dreiwöchigen Urlaubsreise entlang der Küstenstädte des Mittelmeers waren ihre Blicke nur auf den Asphalt oder das Pflaster der Straßen geheftet, glitten an Bordsteinen, Treppenstufen entlang, neben Parkbänke und Abfallkörbe in Parks, unter die Tische der Cafés, um die Zeitungskioske herum, in Venedig, Thessaloniki, Athen. Sie wussten, in den Rinnsteinen waren Kronkorken besonders häufig auf den Gittern der Gullys zu finden, vor allem nach einem Regen wurden sie dorthin gespült. Im Schlick, neben Taubenfedern, Zigarettenfiltern, neben den häufigen Exemplaren (auch die wurden eingesteckt als Bonus-Material zum Tauschen), wurde immer wieder auch ein noch nie da gewesenes Kronkorkenexemplar gefunden. Die Erwachsenen versuchten den Blick der Kinder zu heben. In Venedig: »Schaut mal die vielen Löwen, schaut mal diesen ...!« Ein kurzer Blick nach oben, dann wieder zurück zum Rinnstein in der Trance des Sammelns. Bewegt von Kooperation (den kannst du haben, den habe ich schon fünf Mal) und von Konkurrenz (ein noch nicht da gewesenes Exemplar länger betrachten und es wortlos selbst einstecken).

Die anderen Familienmitglieder, Onkel und Tante und Freunde der Familie, sollten von den Sammelthemen der Kinder wissen; so kann man Kontakt zu ihnen halten, etwas zur Sammlung beisteuern, ein persönliches Geschenk. Dann kann gelegentlich daheim die Sammlung einmal ausgestellt, können die Dinge in einem Schaukasten, einer Vitrine arrangiert und präsentiert werden. Im Portfolio des Kindes kann es eine Rubrik geben: Was ich sammle. Mein wertvollstes Stück in der Sammlung (das »Leitfossil«). Vielleicht auch mit einem Archivbogen, der Fundort, Datum, Eigenschaften der Objekte bezeichnet.

Beim Sammeln entsteht wie nebenbei die Einsicht, was Sammelwert und was Ausstellungswert besitzt. Gegenstände können teuer, technisch kompliziert, attraktiv, nagelneu sein, und doch werden sie nicht im Wohnzimmer ausgestellt, sondern in einer Abstellkammer versteckt. Der Staubsauger zum Beispiel, er gehört nicht neben das Sofa, vor allem nicht, wenn Besuch kommt. Die Künstler Peter Fischli und David Weiss haben mit diesen Kategorien der Alltagsdinge in ihrer Installation »Raum unter der Treppe«[47] gespielt. Sie haben einhunderteinundsiebzig typische Alltagsgegenstände in einer »Hausmeisterkammer« arrangiert, sie haben das Handy des

Hausmeisters, die Klebstofftube, seinen halb vollen Aschenbecher in der von ihnen installierten »Kammer« unter der Treppe des Museums täuschend ähnlich aus Polyurethan modelliert, geschnitzt und bemalt. In Erwartung von Kunstobjekten im Museum gehen die Erwachsenen an diesen trivialen Alltagsgegenständen vorbei. Bei den Familienführungen sind es dann immer wieder die Kinder, die stutzen und entdecken, dass diese Alltagsgegenstände Kunstobjekte sind, und es entstehen Gespräche über die Hierarchie der Dinge in unserer Wahrnehmung.

Hab-seligkeiten: Die kennt auf seine Weise der Messi besonders gut. Was genau stimmt nicht bei ihm, was kann er nicht? Er kann nicht wegwerfen. Etwas sperrt sich in ihm gegen die Kategorie *Müll*, er will die »Kehrseite der Dinge« nicht akzeptieren. Die Dinge haben Macht über ihn. Haben ihn im Griff, sind stärker als er. Der Messi steht außerhalb der Kultur. Kultur haben heißt, Müll aussondern können und den Müll nach vereinbarten Regeln bewirtschaften. Jede richtige Stadt braucht eine *cloaca maxima*.

Wir kennen den Messi in uns, und in jedem Kind steckt er auch. Vor allem in den Kindern an der Schwelle zum Erwachsensein. Zwar wollen sie aufbrechen in neue Räume, unbeschwert von Gepäck. »Stock und Hut steht ihm gut«, aber nicht Stöcke und Hüte! Ihre Zimmer oder ihre neuen Wohnungen sollen möglichst leer sein, minimalistisch, mit freien Flächen ohne Staubfänger. Aber damit haben sie sich längst nicht gegen die Dinge als solche entschieden. Die Eltern sollen keinesfalls etwas von ihrem zurückgelassenen Kram wegwerfen. Als treue Kuratoren des Privatmuseums ihrer Kinder sollen sie die Sammlungen hüten und abstauben. Den Kindern und Jugendlichen schienen ihre Dinge als Besitz unwichtig. Habsucht kannten sie nicht. Hauptsache damals, man hatte das Ding zur Verfügung, zum Anziehen oder an der

Wand. Jetzt, wenn sie fortgehen, soll alles beieinanderbleiben, die Sammlungen ihrer Kindheit und Pubertät, die leeren Parfumflakons und alle Poster. Ihr Depot daheim. Für alle Fälle. Für den Weg zurück ins Kinderzimmer.

Der spielzeugfreie Kindergarten

Irgendwann konnten es einige Erwachsene nicht mehr mit ansehen. Die von den Spielsachen und Dingen belagerten und dabei oft gelangweilten Kinder, die in ihren Kinderzimmern nicht nur vieles haben, sondern vieles doppelt und dreifach, Rucksäcke, Puppenwägen, Fußbälle, ihr Spiel oft weniger zeugend als es behindernd. Es ist bald zwanzig Jahre her, dass zum ersten Mal die Idee eines »spielzeugfreien Kindergartens« in die Tat umgesetzt wurde.[48] Inzwischen ist dieses Konzept in der Kindergartenpädagogik gut bekannt, es gibt vernetzte »Interessengemeinschaften spielzeugfreier Kindergärten«, dreißig Projektbegleiter sind in Deutschland ausgebildet worden; die Initiatoren des Projekts wurden mit internationalen Preisen ausgezeichnet, und viele Erzieherinnen stellen ihre Tagebücher und Fotos während der »spielzeugfreien« Wochen oder Monate ins Internet.

Die spielzeugfreien Zeiten werden vorbereitet in einem Elternabend und in den Kinderkonferenzen. »Soll das Spielzeug in den Urlaub gehen?« Diesen Vorschlag greifen die Kinder anscheinend gern auf. Die Spielsachen werden gemeinsam verpackt und im Keller verstaut. Da können sie sich ausruhen, drei Wochen, zwei Monate, manchmal auch länger. In den Gruppenräumen bleiben meist nicht einmal Materialien zum Basteln, sondern nur die Möbel und Wolldecken, manchmal auch Tücher oder Kartons.

Die Erzieher halten sich in diesen Wochen mit Kommentaren und Anregungen zurück, ihr Verhalten ist in gewisser

Weise auch »spielzeugbefreit«. Sie haben dadurch mehr Zeit zum Beobachten, sie fotografieren, schreiben kurze Bildungs- und Lerngeschichten von einzelnen Kindern. Die Kinder vermissen die Spielsachen in der Regel nicht. Meist wird erst nach etwa drei Wochen überhaupt wahrgenommen, dass etwas fehlt.

In den spielzeugfreien Zeiten wird manches anders, es wird zum Beispiel mehr gesprochen, mehr verhandelt. Die Spielsequenzen werden länger. Die Bauten aus Möbeln und Kartons werden komplexer, mit Stockwerken und schiefen Ebenen. Wenn Fäden und Seile zugelassen sind, werden die Knoten und Fadenspiele geschickter. Die Kinder improvisieren viel im Spiel. Beim Weitsprung kann nicht mit einem Metermaß gemessen werden, also werden dazu die Schuhe verwandt.

Nach einigen Wochen wird in der Konferenz gefragt, ob das Spielzeug allmählich wieder zurückkommen soll? Meist beschließen die Kinder, dass nach und nach ausgewählte Kategorien von Dingen aus dem Keller geholt werden, die Bausteine etwa oder die Kleider für die Rollenspielkiste. (Sie schätzen offenbar die Spielsachen von der Art, wie sie die amerikanische Vorsitzende der Alliance of Childhood, Joan Almon, empfiehlt: »Spielzeug soll zu zehn Prozent Spielzeug sein und zu neunzig Prozent Kind.«[49])

Am Ende wird überlegt, ob man eine solche Zeit wiederholen soll. Die Kinder sprechen sich meist dafür aus. In größeren Abständen, sagen sie, vielleicht einmal im Jahr. »Wie die Bäume, die haben auch im Winter keine Blätter.« Manche Kinder nehmen die Idee mit nach Hause, sie schicken auch daheim ihr Spielzeug eine Zeit lang in die Ferien.

Ballast abwerfen können, die Erfahrung des »Weniger kann mehr sein«, der erweiterte Bewegungsspielraum für Auge und Ideen in den nicht vordekorierten, nicht vollgestellten Räumen, das ist in diesen Zeiten erholsam für alle, Kinder und Erwachsene. Fasten mit den Dingen ist nicht gegen die Dinge gerichtet, ebenso wenig wie die Askese genussfeindlich ist. Sie übt vielmehr – für eine selbst auferlegte Zeit – die Ökonomie des Genießens.

Dingsda – Was weiß die Sprache vom Ding?

Die Erwachsenen versuchen von Anfang an, dem Kind die Welt noch interessanter zu machen, sich selbst als Gegenüber und die Dinge, und sie rufen dabei immer wieder seine Aufmerksamkeit auf. Sie bewegen ihr Gesicht leicht hin und her, um dem Säugling das Erkennen der Umrisse zu erleichtern, und sie präsentieren Gegenstände als etwas ganz Besonderes, mit einer Geste, die das Ding wie in eine Vitrine stellt: Schau, was ich da habe! Etwas ganz Spannendes! Dein Schnulli, wie er an meinem Finger schaukelt, wie er glänzt! Diese Reize nehmen die Säuglinge nicht passiv auf, sie schauen und horchen von Anfang an selektiv und aktiv. Und wenn die Erwachsenen in jeder Aussage ein Schlüsselwort betonen – Schau, der *Schlüssel*! Gefällt dir dein *Schnulli*? –, dann ist diese einfühlend-didaktische Sprache, dieses »Mutterisch« (*Motherese*), eine intuitive Sprachförderung. Sie greifen damit dem Dingverständnis und dem Sprachverständnis des Kindes vor.

Beim Hantieren mit den Dingen erfährt das Kind, dass es nachahmende Reaktionen beim Erwachsenen auslösen kann. Der greift auf, was ich mache, der imitiert mich, melodisch, lautlich, aber auch gestisch. Wenn ich auf den Tisch klopfe, tut er es mir nach. So leben die Erwachsenen dem Kind vor, wie man sich in andere Menschen hineinversetzen kann.

Dieser Dialog wird ab dem achten Monat erweitert. Wenn das Kind dem Zeigefinger der Mutter oder dem Blick der Mutter mit seinem Blick folgt, beginnt der trianguläre, der »refe-

Dingsda – Was weiß die Sprache vom Ding?

rentielle Blickkontakt«, das Blickdreieck zwischen Ding, Kind und Erwachsenen. In dieser Phase beginnt auch das Bedürfnis nach Benennung, nach einem wiederholbaren Klang, einem Wort für das fixierte Dritte. Ab etwa dem Alter von acht Monaten demonstriert das Kind dem Erwachsenen nicht nur seine Tätigkeiten: »Schau, was ich mache, was sagst du dazu?« Sondern fragt dabei zunehmend auch: »*Wie* sagst du dazu?«

Allmählich können so die Gegenstände zu »Gesprächsgegenständen« werden. Dazu braucht es das Wort. Das Ding, das rollt und einen Affekt auslöst, wird der Mutter hingehalten, sie soll die Begeisterung teilen, auch das ist Kommunikation. Auch mit einem Ausruf wird sie dazu animiert: Da! Disdis! Aber mit Wörtern wie »Auto!« beginnt ein Verständigungsprozess über das Ding, der ohne das Wort nicht möglich wäre. Dann kann über ein Auto irgendwann auch gesprochen werden, wenn es nicht zu sehen ist. Bei seinen Expeditionen zu den Dingen hat das Kind nun Verstärkung durch neues Werkzeug, durch die Wörter. Die Verstärkung der Ding-Ereignisse durch die Worte kann man den Äußerungen der Kinder anhören, sie setzen sozusagen ein Ausrufezeichen hinter jedes Substantiv: Auto! Wauwau! Stein! Immer wieder muss es wiederholt werden – funktioniert sie immer noch, die wirkungsvolle Verbindung von Lautkombination, Mundbewegung, eigener Stimme und dem Ding in der Hand? Auto! Ball! *Ich habe Dich bei Deinem Namen gerufen!*

Die Dinge mit einem Wort begrüßen zu können vergrößert ihre Attraktivität. Eine neue Runde wird eingeläutet, die Dinge *revisited*, jetzt kann man anders über sie verfügen, über die bisher nur befühlten und manipulierten Warm-kalt-laut-leise-Objekte, und es entsteht daraus eine neue Qualität der Begegnung mit den Dingen.

Da gibt es interessante Übergangszeiten, in denen das Kind schon über differenzierte Kenntnis mancher Gegenstände verfügt, etwa einen Brummkreisel in Gang setzen kann, aber die ersten Worte sind noch sehr pauschal. Alles, was vier Beine hat, ist ein Wauwau. Die Weltkenntnis ist der Sprache voraus. Das kann frustrierend sein. Ähnlich frustrierend vielleicht wie für die Erwachsenen, deren Wortschatz in einer Fremdsprache nicht zur Wiedergabe komplexer philosophischer Gedankengänge ausreicht, sondern sie in der Kommunikation mit einem interessanten Gesprächspartner auf Zwei-Wort-Sätze reduziert. (»I Jean-Paul Sartre. You Bertrand Russell. We have tea?«)

Der eineinhalbjährige Florian entdeckt mit seinem Vater im Bilderbuch einen Vogel mit riesig langem Schnabel. Erregt deutet er auf ihn, wie könnte das passende Wort lauten für diesen ungeheuerlichen Anblick? Er sucht sein Lautrepertoire ab. Ein *Dschsch*! probiert er. Oder noch mal anders: Ein *Dschüschüsch*? Zwei expressive Ausrufungszeichen begleiten seine Wortschöpfungen und der Blick zum Vater: Stimmt er zu? Der Vater nickt: Ein *Schna-bel*! Der Sohn scheint enttäuscht. Irgendwie trifft's das überhaupt nicht. Zwei so glatte Silben, zu ausdruckslos für dieses überwältigende Dingsda. Aber der Vater wird wohl recht haben, also wird Florian das Vaterwort in sein Gedächtnis aufnehmen.[50]

Welche Worte? Auch das selbst gefundene persönliche »Übergangswort«, das *Nunu* für die Schlafdecke oder das *Laschl* für die Nuckelflasche. Und die Kindworte der deutschen Kindersprache, das *Tatütata* und *Heia gehen* und ein *Aua haben*. Letztere haben aufgeklärte Eltern und Erzieher inzwischen zu Unworten erklärt und jahrzehntelang zu vermeiden versucht. Als würden durch diese falschen Benennungen die Kinder dumm und hilflos gehalten. Warum nicht gleich richtig sprechen, *Hund* statt *Wauwau*? Die Psycholinguistin Anna Winner führt ein Plädoyer für die Kindworte.[51] »Kindworte besitzen für die Sprachentwicklung eine wichtige Funktion. Der

Wauwau ist ebenso wenig ein falsches Wort für Hund, wie Krabbeln eine falsche Form von Laufen darstellt ... Kindworte sind ebenso wie Sauger, Rasseln oder Bauklötze kindergerechte Werkzeuge oder Spielzeuge, die Kindern den Zugang zur Erwachsenenwelt erleichtern sollen.« Sie nennt die selbst erfundenen Kindworte »subjektive Sammelbegriffe« und sieht darin eine große geistige Leistung, weil in ihnen eine Zeit lang alle Erfahrungen Platz finden können, für die die Sprache der Erwachsenen zu differenziert, das heißt, von Fall zu Fall auch unzutreffend wäre. Die Gleichaltrigen in der Kinderkrippe, durch die, wie man heute weiß, die Sprachentwicklung jedes Kindes besonders wirkungsvoll angeregt wird, die »ersten Erzieher«, wie die Reggio-Pädagogen sie nennen, sie verstehen die Übergangsworte und Kindworte ohne Weiteres. Besser als die Erwachsenen können die Zwei- und Dreijährigen verstehen, was das andere Kind »meint« und was es mit seinem Sprechen bezeichnet, sie halten sich nicht auf mit der Form, in der das Kind sich ausdrückt.

In keiner Kinderkrippe sollte es fehlen: ein Lexikon der Kindworte aus den Sprachen der Familien, zusammengetragen von Eltern und Krippenerziehern. Wie sagt man in der Türkei oder in Frankreich zu *Heia*? *Dodo*? Und zu *Pipi* und *Schnulli*? Wie macht der Hahn, *kikeriki, doodle-doo*, oder *cocorico*? Der Hund, *wauwau* oder *hafhaf*? Die Feuerwehr? Die Erzieher müssen das nicht alles »wissen«, aber sie müssen offen sein für die Varianten der frühen Kindworte.

Anna Winner spricht vom Wort als einem »Bedeutungskorb«. Die Erwachsenen bieten ihn an und das Kind füllt ihn nach und nach mit seinen Erfahrungen und Bedeutungen. Die Erfahrungen kann das Kind nur selbst machen, Bewegungserfahrungen mit den Dingen zum Beispiel. Um beim Vorlesen verstehen zu können, wie sich »verstecken« anfühlt, muss man selbst diese Erfahrung gemacht haben.

Durch Münchner Kindergärten wandern »Kontinentenkisten« mit Dingen aus aller Welt. Die albanische Dreijährige zieht etwas Goldenes hervor, dieses Dingsda streift sie über die Hand, dann schaukelt es am Handgelenk. »Armreifen«! Das Wort kommt nach. (Rahmenverschiebung: Jahrzehnte später wird vielleicht der Armreifen schaukeln am Arm einer Hochbetagten, und das Wort hat sich verabschiedet.)

Nicht immer kann der bezeichnete Gegenstand zur Hand sein. Dingsda: Der Gegenstand steht vor Augen. Das Wort noch nicht.

Welches Wort? Wort und Ding wollen vom Kind als eine Einheit verstanden werden, bis ins Grundschulalter hinein. »Die Stoßstange heißt Stoßstange, und sie ist auch eine.« »Der Stein heißt Stein, weil er aussieht wie ein Stein.« Was ist dann aber mit den Homonymen, der Birne in der Lampe und der Birne auf dem Obstteller? Äußerlich ähnlich, aber so verschieden in ihrer Funktion. Ein Wort, zwei Dinge? Und ein Ding kann in mehreren Sprachen verschiedenes Geschlecht haben! Verwandelt das den Gegenstand, geht es ihm an die Substanz? »Die Lilie« auf Deutsch, »der Lilie« auf Rumänisch, und auch »der Rose«, »der Gurke« – ein Riss geht durch die Wahrnehmung von Ding und Sprache. Im Türkischen gibt es kein grammatikalisches Geschlecht. Warum im Deutschen »der Fernseher«, aber »die Uhr«? Zweitsprachen sind Gedanken erweckend. »Mama sagt Balkon. Und Papa sagt *balcony*.«

Aber auch irritierend: Kann man sich auf die Sprache verlassen, was weiß sie vom Ding? Was ist denn nun richtig? Die Gurke, der Gurke? Der Mond, *la* luna? Und trotzdem brauchen wir nicht rechthaberisch zu sein: Wir können uns auch »quersprachlich«[51] über das Gemeinte verständigen. (Für die Fähigkeit des quersprachlichen Kommunizierens können sich Erwachsene bei den Kindern einiges abschauen.)

Die Reflexion der Kinder über die eigene Sprachentwick-

Dingsda – Was weiß die Sprache vom Ding?

lung setzt oft früh ein. Die Vierjährige: »Ich dachte früher, es wäre ein Bus. Aber es ist ein Taxi.« Dieses lernbiografische Bewusstsein hilft auf dem Weg zu allen Sprachen, und es kann unterstützt werden durch das Bildungsbuch, das Portfolio des Kindes. Darin sollte es eine Rubrik geben: »Wie ich früher die Dinge genannt habe.« *Staubsauber! Geplover* anstatt Pullover! Kinder lieben solche Dokumente, gerührt und kopfschüttelnd vertiefen sie sich in ihr Denken und Sprechen vor noch nicht langer Zeit.

Im Inventar ihrer ersten Alltagsgegenstände sollten die Bücher und die Schreibwerkzeuge den Kindern so selbstverständlich sein wie der Löffel und der Kamm. Bücher sind eigenartige Dinge – man kann sie herumschieben, als Dach über den Kopf stülpen, in ihnen blättern, mit ihnen bauen. Aber es steckt in ihnen auch ein Mehr, ein besonderer Appell an die Erwachsenen. Wenn man sie zu ihnen trägt und sie ihnen eindringlich genug vorlegt, kann man das Glück haben, dass der sich nicht entziehen kann, sich nah zum Kind hinsetzen wird und beginnt, in einer anderen Tonlage zu sprechen. Ruhe wird einkehren, ein Meer von Lauten wird über das Kind fluten, in dem es einige Wörter wiedererkennt, Bilder von Dingen steigen auf, und immer wieder taucht das eine oder andere Wort auf, das man schon vom Hörensagen kennt.

Über die Notwendigkeit dieses täglichen Hineinwachsens in die Schriftkultur ist schon viel gesagt worden, und es gibt inzwischen zahlreiche Initiativen zur Förderung von *literacy*, Leihbibliotheken mit vielsprachigen Kinderbüchern in Kinderkrippen und Kindergärten und ehrenamtliche Lesemütter und Lese-Omas. Wir haben in Familien mit Migrationsgeschichte, auch in Familien, in denen die Großeltern noch nicht alphabetisiert waren und in denen es keine Tradition des Vorlesens für Kinder gab, immer wieder gesehen, wie sehr die vom Kindergarten ausgeliehenen Bücher geschätzt wurden.

Seltener noch ist das Bewusstsein, dass die Bewegungen der Kinder »ins Schreiben hinein«[53] von den Erwachsenen ebenso begrüßt und unterstützt werden müssen wie das Interesse an den Büchern. Die ersten Kritzelbotschaften sind ebenso wenig fehlerhaft, wie die Kindworte falsche Worte sind. Expressives Schreiben, persönliches Schreiben geht Hand in Hand mit einem vertrauten und selbstbewussten Umgang mit den Schreibwerkzeugen. Der Bleistift, ein unbeschriebenes Blatt, der Radiergummi, eine Schiefertafel, das Post-it-Blöckchen, ein Federkiel – auch die Erwachsenen haben sie als »bedeutende Dinge« immer wieder in unsere Sammlungen mitgebracht.

Dinge im Hausgebrauch: Eltern als informelle Lehrer

Die Sachforschung des Kindes ist immer zugleich Sozialforschung: Welchen Part übernehmen die Erwachsenen bei diesen Dialogen mit den Dingen?

Ein Forschungsprojekt könnte sein, alle Dinge zu zählen, die während einer Woche durch die Hände eines zehn Monate alten, eines sechzehn Monate alten oder eines zweijährigen Kindes gehen. Und zu beobachten, wie seine Interaktion mit den Dingen durch die Erwachsenen begleitet, beeinflusst, gesteuert wird.

Beim Versorgtwerden erlebt das Kind die Dinge zunächst passiv. Die malaysische Mutter fächelt ihrem Kind in der Wiege mit einem Fächer kühle Luft zu und verscheucht die Insekten. Später wird das Kind die Gesten der Erwachsenen nachahmen, es wird selbst den Fächer aufgreifen, mit ihm wedeln und dabei den Winkel entdecken, bei dem die kühle Luft kommt.

Eine detaillierte Beschreibung des täglichen Landgewinns des Kindes bei seinen Expeditionen zu den Dingen, begleitet von den Erwachsenen, wenn sie das Kind versorgen, gesteuert durch ihre Spielangebote, durch ihre Verbote, durch ihr anschaulich beispielhaftes Verhalten und auch gelegentlich durch ausdrückliche Instruktion, könnte den Eltern eindrucksvoll zeigen, wie viel Weltwissen sie ihrem Kind in den frühen Jahren abgeben. Als informelle und ausdauernde Lehrer, die in der Regel ihre Sache gut machen, unwillkürlich, sie können fast nicht anders. Eine solche Beobachtung der Kommunikation zwischen Eltern und Kind, vermittelt über die Dinge in den hundertfach wiederholten Bewältigungen des gemeinsamen Alltags, beim Anziehen, am Esstisch, würde auch deutlich werden lassen, wie viel »schon gelaufen« ist im Umgang mit den Dingen, im Guten und im weniger Guten, wenn ein dreijähriges Kind »aus dem Gröbsten heraus ist«, wie manche Eltern immer noch sagen.

Im Guten, wenn das Kind beim Explorieren eines neuen Gegenstands zustimmende Blicke des Erwachsenen auf sich gespürt und Interaktionen mit Erwachsenen erlebt hat, die ihm Erfolgserlebnisse mit den Alltagsgegenständen ermöglichten. Diese Anteilnahme hat das Kind verinnerlicht, und sie hat seine Handlungslust gesteigert. »Ich kann etwas bewirken«, dieses positive Selbstbild ist entstanden. Gut, das wären Erfahrungen mit verschiedenartigen Gegenständen, von denen man über Analogieschluss auf einen anderen schließen kann, auch auf dessen Gefährlichkeit.

Weniger gut, das wäre, beschränkt worden zu sein auf kindisches Spielzeug, auf Klingeln und Klappern. Ausgeschlossen zu werden von den Herausforderungen der Dinge (Messer-Schere-Licht sind für kleine Kinder nicht). Die Dinge nur zugeteilt bekommen zu haben, anstatt sie selbst finden zu dürfen. Oft unterbrochen worden zu sein – wir haben's eilig – beim Suchen und Schauen, das langsam und umständlich erscheint, aber so beharrlich sein möchte. Zu viel Stimulation durch ungeduldig ehrgeizige Erwachsene. Oder zu wenig Stimulation durch eine depressive Mutter und ihren apathischen Umgang mit den Dingen.

Die »Enkulturation« des Kindes, vermittelt über die Alltagsgegenstände im Elternhaus, spiegelt die Stile der Zeit. Im *Struwwelpeter* wird mit den Dingen gedroht, sie sind der verlängerte Arm des Erziehers. Siehst du, das Streichholz sagt dasselbe wie ich: Fass nicht alles an, nicht außerhalb meiner Aufsicht, selbständiges Explorieren kann tödlich ausgehen. Die Strafe des Dings folgt auf dem Fuß, der Regenschirm trägt das Kind wer weiß wohin, Scheren schneiden böse Daumen ab, ein Zappelphilipp wird unter der Tischdecke und unter zerbrochenem Geschirr begraben.

Mit Katastrophenfantasien möchten wir heute die Kinder nicht mehr einschüchtern. Und werden von Fall zu Fall dennoch mit unseren Verboten und Warnungen auf die Kinder nicht anders wirken als die Erwachsenen im *Struwwelpeter*. Denn die Dinge sind nicht nur hilfreich und harmlos, sie sind für Erwachsene oft gefährlich, und für die Kinder erst recht.

Die Dinge, die für die »Kindersicherheit« erfunden wurden, sind bei Kindern oft unpopulär. Der Anschnallgurt fesselt sie bei langen Autofahrten auf ihren Platz, und unter dem Fahrradhelm wird es im Sommer heiß. Die Erwachsenen müssen sich der Straßenverkehrsordnung zum Schutz ihrer selbst und ihrer Kinder unterwerfen und die dafür erfundenen Dinge, die Babyschalen, Fangkörpersysteme, Sitzerhöhungen, kaufen und einsetzen.

Den Kindern teilt das mit: du bist ein Kind. Und das Alltagsleben ist nicht »kindersicher«.

Ist uns nah und zeigt, wer wir sind: Kleidung

Kleider sind hautnahe Dinge. Sie passen sich unseren Bewegungen an, und sie verändern unsere Bewegungen – von Schuh zu Schuh. Die Kleidung spricht von uns selbst, vergrößert unsere Umrisse oder lässt sie schmaler erscheinen, sie ist Ausdruck intimer Selbstbildung, kann für uns werben, uns sichtbarer machen oder uns verstecken.

Die Dinge in unseren Kleiderschränken unterscheiden sich von anderen Dingen durch ihre Fast-Lebendigkeit, durch ihre Anschmiegsamkeit und Körpernähe. Bei den Anziehsachen erhält sich für die Erwachsenen vielleicht am längsten die kindliche Grenzerfahrung zwischen belebten und unbelebten Objekten. Ein über den Stuhl geworfener Pullover kann einen sehr erschöpften Eindruck machen.

Die Kleidung kann dem Kind von den Jahreszeiten erzählen, von fremden Ländern, von den Tieren, von Arbeit und Muße, Alltag und Fest, von Mann und Frau. Von Alt und Jung, von Arm und Reich. Von sich selbst: Bin ich hübsch, bin ich stark? Ein riesiger Theaterfundus ist die Kleidung, ein breites Repertoire von Rollen, realen und fantasierten, kann sie bedienen. Verkleiden! Mit ausgewählten Dingen, dem Stiefel des Vaters, dem T-Shirt der Mutter, kann man in die Haut einer anderen Person schlüpfen. Immer gegenwärtig sind die Erwachsenen und ihre Welt, auch wenn sie nicht mit ihren Kommentaren anwesend sind.

Was für eine möchte ich sein? Der Rock schwebt, wenn die Vierjährige sich um sich selbst dreht. Irgendwann einmal werde ich mit ihm abheben! Aber warum soll die *Jahreszeit* das Sagen haben und nicht mein Kleid? Nehmen mir die Erwachsenen jetzt dieses Zauberding weg, bis zum nächsten Sommer? Muss ich mir das gefallen lassen?

Und die Jungen? Vielleicht eine frühe Enttäuschung: Dieses zarte Ding, das die Schwester über alles liebt, ist nicht für mich. Du bist doch kein Mädchen. Die Schwester darf in den Stöckelschuhen der Mutter herumtapsen. Bei mir finden die Erwachsenen das nicht so komisch. »Stock und Hut steht ihm gut.« Wie: gut? Wenn die Dinge an seinem Körper in die richtige Richtung zeigen, in den Augen der Anderen und in seinen eigenen, dann ist der Fünfjährige wer und kann in der Welt bestehen. Die Hose mit sechs blinkenden Reißverschlüssen. Aber dann soll er zum Schlafengehen diese zweite Haut eintauschen gegen eine lappige Pyjamahose, auf der die Teddys Golf spielen? Muss ich mir das gefallen lassen?

Wie viele Tränen der Kindheit, wie viel Wut der Pubertät löst die Kleidung aus. Bei den Machtproben und Aushandlungsprozessen der Individuation mischen immer auch die Kleidungs-Dinge mit. *Haben ist Sein.*

Aber auch wie viel Wissen der Welt steckt in unserer Kleidung! Der Regenmantel, die Regen-Haut, ist wasserundurchlässig. Die Regentropfen perlen über den gummierten Stoff; innen bleibt alles trocken. Viel Physik, hautnah, rufen unsere Anziehsachen auf. Materialforschung und Oberflächenforschung, der zarte Samt, das raue Frottee, der weiche Pelz, der geschmeidige Pulli und der kratzige. Viel technischen Erfindungsreichtum tragen wir am Körper herum, Knopf und Knopfloch, Druckknöpfe, Reißverschluss, Schnallen, Schleifen, Haken und Ösen, Klettverschluss, Gummizug …

Formen und Motive der Kinderkleidung sprechen von der Geschichte der Kindheit, vom wechselnden Bild des Kindes über die Jahrhunderte. Im 20. Jahrhundert, dem »Jahrhundert des Kindes«, wurden Kinder gern mit Verkleinerungsmotiven ausstaffiert, mit Häschen, Zwergen, Entlein. In dieser Kinderkultur wird gelernt: Ich bin ein Kind, ihr seid andere, Erwachsene. Darin kann das Kind sich einrichten, was bleibt ihm übrig. Aber die Schwelle zum Erwachsensein muss ge-

nommen werden, und sie wird auch auf dem Feld der Kleidungs-Dinge überschritten, selten kampflos.

Heute werden Kinder der Oberschichten, kaum anders als
im Mittelalter und in der Renaissance, wieder im erwachsenen
Stil gekleidet. Polo, Gucci, Armani – kleine CEOs, das Kind
ein Markenzeichen der Eltern, wie der Schlüsselanhänger. Ist
das ein früher Auftrag, den Status der Eltern zu bewahren?
Aber auch eine Warenhauskette hat diesen Stil übernommen,
dadurch können auch die Kinder der Ärmeren angeschlossen
sein an das neue Dunkelgrau und Dunkelblau der Kindermo-
de. Ist das Respekt vor Kindern? Oder frühe Vereinnahmung?

Mit den Anziehsachen ihrer Kinder versichern sich die Erwachsenen ihrer Identität als Eltern. Die Autorin Jana Hensel
beschreibt, wie sich die Anziehsachen zwischen sie und ihr
Kind geschoben hatten.

»In seinen ersten Monaten hätte mein Sohn in einem Wer-
bespot der französischen Marke auftreten können. Jeden Tag,
rund um die Uhr, trug er die Sachen mit dem blauen Boot.«
Inzwischen meidet sie die teuren Kinderläden. »Ich will meinen Sohn nicht länger ausstaffieren … ich achte nicht mehr
darauf, was er anhat, wenn Eis an seinem Pullover herunter-
läuft … ich bin in der Normalität angekommen, die mich auf
die Inszenierungen der ersten Zeit wie auf die gestellten Bilder
meiner Konfirmation blicken lässt. Eine Normalität, die den
Kindern Freiheit gibt.«[54]

Pippi Langstrumpf trägt zwei Strümpfe, die nicht zueinan-
derpassen. In einer Zeit, als nur die rechte Hand als das schöne Händchen galt, und nur diese Hand durfte das Kind zur
Begrüßung reichen, war das ein kühnes Bekenntnis zu den an-
archischen Geschmacksvorlieben von Kindern.

Heute bemühen sich Eltern um Toleranz. Ein Fünfjähriger
entdeckte auf dem Grund einer Schublade einen breiten La-
tex-Gürtel aus den 1950er Jahren, rot und orange gestreift, dar-

an eine schwere Schließe aus Messing. Von diesem herrlichen Ding konnte er sich wochenlang nicht trennen. Doppelt wurde es um seinen Bauch geschlungen, der Pullover bauschte sich darüber und darunter. Aus erwachsener Sicht sah das Kind aus wie eine bunte Wurst. Aber wie zufrieden fühlte es sich in seiner zweiten Haut. Gegürtet, gehalten und elastisch verpackt in der Körpermitte.

Mit einer Sechsjährigen gab es zu Hause jeden Morgen vor der Schule durchdringendes Geschrei. Nicht diese Strickjacke, und nein, auch nicht diese Strumpfhose und schon gar nicht diesen Rollkragenpulli, sondern nur jenen, der gerade nass auf der Leine hing. Ausnahmslos jeden Tag wiederholte sich die Szene, noch eine Stunde später war der Mutter elend. Inständig nahm sie sich vor, es am nächsten Tag nicht mehr so weit kommen zu lassen. Eine Freundin der Tochter wurde jeden Morgen zum Frühstück gebracht, weil die Arbeit ihrer Mutter früher anfing. Wenn wieder das Geschrei ausbrach, und darauf war Verlass, ließ sie den Müslilöffel sinken und betrachtete ihre Freundin aufmerksam. Verstand sie besser als die Mutter, worum es ging?

Mittags kehrte die Tochter gut gelaunt aus der Schule zurück, schon von ferne hörte man sie singen. Heute glaubt die Mutter zu wissen: Es war morgens die Angst vor dem täglichen Milieuwechsel. Die Strumpfhose war nur in den Augen der Mutter angemessen, aber so, wie die Dinge daheim aussahen, würden sie in der Öffentlichkeit, in der Schule, nicht wirken. Sondern anders, irgendwie falsch, vielleicht lächerlich? Wenn man es doch wüsste. Warum weiß die Mutter das nicht? Eine gute Mutter wüsste das! Eine gute Mutter würde ihr Kind überall beschützen, ihr Arm würde reichen bis auf den Pausenhof. Die Grundschule war liberal, die Grundschullehrerin erfahren und freundlich. Und dennoch – Öffentlichkeit! Schule!

Falsch angezogen sein! Dinge können uns bloßstellen, verraten. Diese Demütigung kehrt wieder in unseren Träumen, und sie kann uns als Erinnerung verfolgen, lebenslang.

Eine andere Sechsjährige, Hanna, hat sich im Kindergarten selbst ein Hängekleid genäht. Sie hat dafür ein Schnittmuster, zwei selbst zugeschnittene Vorlagen aus Packpapier, ausgeradelt. Schnittmusterkreide und Schnitträdchen hatte sie in der Weltwissen-Vitrine gefunden. Sie kam selbst darauf, dass sie für das Vorder- und Rückenteil zwei verschiedene Vorlagen braucht. Drei Tage hat sie gearbeitet. Mit diesem Kleid kam sie täglich in den Kindergarten. Anders kam sie daher. Sie trug ihr Werk im wörtlichen Sinn, sie hatte zu tragen an ihrem Kleidungsstück, vorsichtiger schien sie in ihren Bewegungen, der Umrisse ihres Körpers bewusster. Erwachsener. Zwischendurch im Spiel vergass sie es und war wieder die sechsjährige Hanna. Und irgendwann fiel das Kleid auseinander.

Nicht nur ausstaffiert werden sollten die Kinder, nicht nur als Konsumenten gekleidet werden. Sondern wenn möglich auch als Gestalter ihrer selbst. Jeans und Kleider kann man mit einem Stück Stoff selbst verändern, der Vierjährige wird entscheiden, wo die Tasche sitzen soll. Abgestimmt mit den Augen der Anderen. Gefällt es ihnen? Oder schockiert es sie? Hauptsache: Werde ich wahrgenommen, wie ich bin? Oder so, wie ich sein möchte?

So bildet sich täglich von neuem *Urteil*. Geschmack.

»*Sauberkeiten*«

Das Kind erfährt aus dem Tun und den Blicken der Erwachsenen, dass ein sauberes Ding schöner und wertvoller ist als ein schmutziges. Und lernt allmählich, den Ekel, einen wahrscheinlich angeborenen Schutzreflex gegenüber verdorbener Nahrung, auszudehnen auf negativ sanktionierte Standards von Unsauberkeitsspuren in seiner Umwelt.

Es gibt kulturell unterschiedliche Stile von Sauberkeit. Die blank gescheuerte skandinavische, holzduftend, bäuerlich. Einige tausend Kilometer südlich die luftigere, weißbaumwollen mediterrane, sonnengebleichtes Textil, chlorduftend, und frisch weißgetünchte Wände auch in den ärmeren Häusern. In der japanischen Teezeremonie die makellosen Tüchlein und Schalen, und im Haus ein wie unberührt gehaltener Boden aus Holz oder Tatami. Andererseits fleckige und staubige Zimmerwände und ein unübersichtliches Durcheinander von Flaschen, Dosen, Tüten um japanische Herde und Abwaschbecken herum.

Sauberkeit kann aggressiv gewendet werden, »Da wächst kein Gras mehr«, Kampf gegen die Bakterien, die Schweinegrippe, die Wiederkehr des Verdrängten, den Angriff der Natur auf die Zivilisation. Und Sauberkeitsnormen können blind machen für die Schönheit des Unerwarteten. Die Angestellte in der deutschen Reinigungsfirma ruinierte mit ihrem Bügeleisen Yamamotos Knitterkunst. Aus einem Modellkleid wurde ein Nachthemd in Übergröße.

Sauberkeit und Waschen wird von allen Kulturen spirituell besetzt, als Befreiung von Abgelebtem, als Neuanfang und Wiedergeburt. Eintauchen, Abspülen, das kann mehr sein als Waschen, kann Waschung sein. Auch der Rauch aus speziellen Ingredienzien kann, in einem zarten Tuch eingefangen, reinigende Wirkung haben. Mit besonderer Aufmerksamkeit gehandhabte Dinge, die Schöpfkellen, Schalen, Tücher, Räucherbecken, Fächer, helfen bei den Ritualen.

Im japanischen Verständnis heißt *kirei* zugleich »schön« und »rein«. Putzen ist dort nicht nur Strafe, niedere Frauentätigkeit. Es ist auch ein Dienst an den Alltagsgegenständen, der gern gemeinschaftlich geleistet wird. In japanischen Schulen gibt es keine Putzfrauen; die Kinder kehren, wischen und staubsaugen in der Mittagspause ihr Klassenzimmer, die Korridore und den Hof. Alle Gegenstände im Klassenzimmer werden, wenn sie jeden Tag einmal angefasst und erfrischt wurden, über die Jahre unvergesslich. Und nachdem die Kinder zu dritt einen Staubsauger um die Ecken bugsiert haben, die Fensterscheiben poliert sind, die Papierkörbe geleert und aufnahmebereit in die Ecken geschoben wurden, wird man sich vielleicht auch den abstrakteren Gegenständen in den Büchern wieder auf neue Weise aufnahmebereit zuwenden.

Die Pflege des Autos ist im westlichen Verständnis keine niedere Tätigkeit, allein schon weil sie lange Zeit eine reine Männersache war. Und andere Pflege- und Säuberungsarbeiten sind ausgesprochen hoch qualifiziert, zum Beispiel das Reinigen einer Klaviermechanik mit all ihren Filzen, Hämmern und Gelenken. Das kann nur ein Kunsthandwerker. Der Schuhputzer von Split hat ins Leder von Peter Handkes Schuhen einen tiefen Glanz gesenkt. Noch mehrere Wochen später konnte Handke in Asien diesen Glanz durch allen Staub seiner Wanderungen wieder an die Oberfläche holen. Die Fürsorgespuren, die ein Könner am Ding hinterließ, hatten sich erhalten über Kontinente hinweg.[55] Solches spezialisierte Können und die regionalen Stile der Sauberkeiten werden mehr und mehr eingeebnet durch die globalisierten Produkte und Maschinen.

Dass die uns das Leben nicht nur erleichtern, sondern uns auch entmachtet und verdummt haben, können wir an den Kindern erleben. Wie genießen sie das Waschfest mit Waschbrettern am Bach, das die Erzieher organisiert haben! Ich brauche keine Waschmaschine mehr! rufen sie begeistert. Ja, man könnte ein paar Schritte zurückgehen. Zum Spaß. Der Ernstfall wird für die Erwachsenen schon nicht eintreten; die Waschmaschinen bleiben uns erhalten.

Die Pflege der Dinge

Die Dinge benutzen kann viel heißen. Nicht nur mit ihnen umzuspringen oder sie zu konsumieren. Manche Gegenstände fordern zu ihrer Pflege auf: Vorwurfsvoll tragen sie ihre Vernachlässigung vor sich her.

Das Kind erfährt: Gewisse Dinge oder ihre Reste und Hüllen wirft man nach dem Gebrauch fort. Dafür gibt es bestimmte Behälter, bestimmte Gesten und eine dazugehörige Mimik. Andere dagegen werden geschont oder sogar »gepflegt«, mit speziellen Flüssigkeiten, Geräten, Tüchern, Gesten, in geschäftiger Stimmung.

Differenz, wohin das Auge schaut. Andauernd gibt es etwas zu deuten und zu denken.

Der Zweijährige wirft den Löffel auf den Boden. Aber deshalb ist er nicht fortgeworfen, sondern jemand hebt ihn wieder auf. Oder man wird aufgefordert, das Ding selber wieder hochzuholen. Manche Löffel darf man in die Kiste in den Garten mitnehmen zum Wühlen und Häufeln im Sand. Andere Löffel nicht. Von denen gibt es wenige, sie passen genau zusammen, in feststehender Anzahl bilden sie eine Löffelfamilie, in der jedes einzelne Glied wertgeschätzt wird. Die sollen beieinanderbleiben und zusammenhalten. Diese Löffel aus der Löffelfamilie werden nicht nur geschont, sie werden gepflegt. Zwar sind sie glänzend und kühl wie die anderen Löffel, aber man berührt sie mit einem anderen Blick, man reibt sie nachdenklicher ab als die Gartenlöffel und wirft sie nicht aus dem Handgelenk in die Schublade zu den Kochlöffeln aus Holz, sondern sie werden »einsortiert«, Rücken an Rücken gelehnt in ihr Zuhause in einer anderen Schublade.

Man kann Dinge gut behandeln und schlecht behandeln. Allmählich bildet sich im Kind diese Einsicht, vor dem Hintergrundgeräusch der Kommentare von Erwachsenen (»Ich habe dir schon hundert Mal gesagt ...«). Gut behandeln, darunter wird vor allem verstanden, die Gegenstände zu schonen. Um dieses Lernprogramm kommt niemand herum, nicht im ärmsten, nicht im liberalsten Haushalt. Die Dinge schonen heißt, sich in sie einzufühlen. Sie nicht allzu stark zu beanspruchen. Was halten sie aus, was ist ihnen unangenehm, und wo kommen ihre Kräfte an eine Grenze? Und kann man den Lauf der Zeit, die an allen Gegenständen nagt, abbremsen? Auf dass das Ding länger wirken möge »wie neu«? Es werden Bündnisse mit den Dingen eingegangen. Du bist mir zu Diensten und erfreust mich mit deiner Schönheit, im Gegenzug kannst du mit meiner Rücksichtnahme rechnen. Von diesen Tauschbeziehungen verstehen Kinder nicht viel, es interessiert sie einfach nicht. Schonen, pflegen, damit sollen sich die Erwachsenen aufhalten.

Die Dinge schonen heißt, sie zu beschützen. Die Dinge zu pflegen heißt noch mehr: ihnen zu dienen. Nicht alle Dinge sind »pflegeleicht«. Manche verlangen viel Einsatz. Oxidiertes, dunkel angelaufenes Silber wirkt vernachlässigt und löst Missgefühle aus. »Eine Schande.«

Für ihre Benutzer ist das unbequem und zeitraubend. Und doch werden die Dinge, je mehr die Besitzer ihnen gedient haben, für sie kostbarer. Persönlicher, wesenhaft.

Wieder einmal wird man in den Haltungen gegenüber den Ansprüchen der Dinge von Kind zu Kind auf große Unterschiede treffen. Manchen liegt es von früh an, sich mit geradezu mütterlicher Fürsorge um die Gegenstände in ihrer Reichweite zu kümmern. Die sollen es gut haben. Einmal abgeschaut, wie ein Pullover luftig über eine Stuhllehne gebreitet wurde oder wie der Erwachsene ein Handtuch an zwei Zipfeln straff an der Wäscheleine anklammert, werden sie es mit Vergnügen ebenso tun, und die Erwachsenen werden ihnen gern zuschauen. Diesen Kindern, die das Laken glatt streichen und energisch ihr Kissen aufschütteln, bevor sie sich in ihr Nest legen. Sie decken auch gern Muttertagsfrühstückstische mit frischem Orangensaft im blank polierten Glas auf gefalteter Papierserviette. Andere haben anderes im Kopf, nichts könnte ihnen gleichgültiger sein als ein abgeworfener Pullover. In jedem noch so zerwühlten und verkrümelten Bett werden sie sich irgendwie einrollen, und am besten äße man gleich aus dem Topf. Ziemlich wahrscheinlich, dass sich an diesen früh erkennbaren Gangarten lebenslang nicht viel ändern wird.

Patina

Viele Kulturen wissen, wie die Zeit, wie Patina ein Ding veredelt und wie sie etwas ganz anderes ist als Schmutz. Patina entsteht nicht nur von selbst, sie wird erzeugt, durch sorgfältiges Pflegen, in Verbindung mit Zeit. Die schreibt sich dem Ding ein als eine meist dunkle, geheimnisvolle Schicht, manchmal nicht mehr als ein Schimmer. Und die Zeit wird noch weiter wirken an diesem Ding – Haus, Schmuckstück, Gemälde –, das gut, ehrwürdig altern kann! Fälscher versuchen, Patina künstlich zu erzeugen.

Patina ist ein Geschenk der Zeit an das Ding. Die Zeit setzt allen Dingen zu, aber nicht nur als Zerfall. Manchem Material, manchem Gegenstand fügt sie Unvergleichliches hinzu. Nur sie hat diese unnachahmliche Macht der Wertsteigerung. Fertiges Spielzeug aus Plastik kann sich durch das Altern wenig verwandeln, allein schon deshalb, weil es meist eine kurze Lebensdauer hat. Kindern, die in einer blitzblanken Umwelt der überdeutlichen Farben und übereindeutigen sensorischen Botschaften des Plastikspielzeugs aufwachsen, können keine Wahrnehmung entwickeln für die Ästhetik des Alterns.

Alte Menschen haben – kein Wunder – besonderen Sinn für die Schönheit der Patina. Den Kindern sagt Patina erst mal nicht viel. Auch die Begeisterung für gute Luft, fürs »Lüften« oder für »schönes Licht« am Spätnachmittag können sie ja nicht recht verstehen, und mit dem Wort »poetisch« kann ein Kind nicht viel anfangen. Und doch spüren sie, dass die älteren Menschen da etwas Geheimnisvolles wahrnehmen und genießen. Ganz äußerlich bleiben diese Momente nicht, und sie werden nicht ganz vergessen. Etwas davon wird abgespeichert im Ordner der merkwürdigen Äußerungen und Vorlieben von Erwachsenen. Später wird man darauf zurückkommen, wird erinnern und verstehen. Den Kindern, denen nur Kindgerechtes vorgesetzt wird, denen man Unbegriffenes und Langeweile ersparen will, wird viel vorenthalten. Denn nicht nur die Erwachsenen freuen sich an der Freude der Kinder. Auch die Kinder mögen es, wenn die Erwachsenen sich für etwas begeistern, und sie gönnen ihnen gern ihre bizarren Vergnügen.

Wie wir uns einen pfleglichen Umgang mit den Dingen vorstellen, das ist leicht gesagt. Das wäre das Kind, das in der Welt nicht nur abräumt, von einem Gegenstand zum nächsten nomadisiert, sondern Beziehungen zu einzelnen Gegenständen eingehen und in der Welt der Dinge Rücksichten nehmen kann wie ein guter Gast. Das Pflegen hat viele Dimensionen, in manchen Spielen werden sie geübt, und täglich gibt es viele Anlässe, bei denen die Differenz von Pflege und Vernachlässigung erlebt wird. Vielleicht kann das gelegentlich ausdrücklich zum Thema werden, mithilfe der Dinge aus der Weltwissen-Vitrine. Einen Gegenstand reparieren, vor allem das. Den Grundstein legen für die Frage beim Warenkauf: Kann man das reparieren? Und wie schützt man Dinge? Mit einer Hülle. Zwischen zwei Glasplatten. Mit einem Schuhspanner. Mit einem Lätzchen. In einem Etui. Mit einem Schutzumschlag. Die Dinge »werden es uns danken«.

Hausgebrauch: Alltagsgegenstände in den Händen der Jüngsten. Eine Auswahl

Aus den Beobachtungen von Eltern, Großeltern und Erziehern: was die Ein- und Zweijährigen fasziniert.

- *Knopfsammlung*
  Fass mal rein, rühr mal drin, was für ein Gefühl ist das? Wie kann man die sortieren? Welchen findest du am schönsten? Dieser Knopf könnte ein Schokoladenkuchen sein, und der wäre unser Spiegelei, den braten wir in der Pfanne.
- *Schuhlöffel*
  Glatt fasst er sich an, drehen, wenden, Finger hineinstecken, und dann, probier mal, wie die Ferse in den Turnschuh rutscht!
- *Gummiband*
  Es bewegt sich, es schaukelt hin und her, ich kann es in der Hand verstecken, an meinen Arm hängen, es ist klein und dünn und doch auch groß.
- *Nagelbürste*
  Da gibt es weiche Borsten und härtere. Kantiges Holz und glattes Holz. Man kann die Haut, die Fingernägel, man kann andere Gegenstände und Stoffe bürsten. Über die Haut bürsten mit unterschiedlichem Druck. Man kann die Bürste zum Verwischen von Farben benutzen, als einen griffigen Pinsel, man kann Spuren mit der Bürste hinterlassen, auch im Sand.
- *Packung Tempotaschentücher*
  Mit Pinzettengriff kann man den Klebestreifen öffnen, den Deckel aufklappen und ein Taschentuch herausziehen. Das zu seiner vollen Größe auffalten. Das nächste Taschentuch herausziehen, und noch eins. Und wenn die Packung leer ist, der Blick: Wo gibt es noch eine?

- *Klobürste*
  Sie steht für unendliche Neugierde, gemeinsame Klogänge, überall dabei sein wollen, und für Erwachsene, die manchmal an ihre Grenzen stoßen.
- *Ein Blatt weißes Papier*
  Zerknüllen, zerreißen, rupfen, kauen, einritzen, das »Weiß« mit einem Stift verändern.
- *Prospekt*
  Bunt, Bilder, kann ich sie erkennen? Beim Zerreißen gibt es Geräusche, zusammengeknüllt wird die Seite ein Ball, mit dem ich werfen kann.
- *Zahnspiegel*
  Spiegel sind ein großes Thema der Zweijährigen. Und mit diesem kann man interessant ins Detail gehen. Wie viele Zähne habe ich, wie viele der kleine Bruder? Und wie sieht's im Mund von der Mutter aus?
- *Schachtel*
  Aufmachen, ist was drin? Ich kann ein Auto reinfahren lassen, ich kann etwas drin verstecken, wegzaubern, ich kann sie zusammenfalten, dann ist es keine Schachtel mehr.
- *Maßband*
  Willst du wissen, wie groß du bist? Von deinen Füßen bis zum Kopf? Auf diesem schwarzen Strich steht es. Und bald vielleicht auf diesem schwarzen Strich darüber, weil du größer geworden bist.
- *Muschel*
  Sie kommt tief aus dem Meer. Leg dein Ohr dran, da hörst du, wie das Meer rauscht.
- *Salzstreuer*
  Winzige weiße Körnchen auf dem Handteller, auf dem Handrücken. Dran lecken – weg sind die Körnchen. Hier, ein Salzfass. Hilf mal, nimm das Salz zwischen die Fingerspitzen so wie ich und streu es über die Salatblätter.

- *Akkuschrauber*
  Bohren spielen, Geräusche machen, Experimente mit Rotation, einen Styroporwürfel anbohren, ihn rotieren lassen.
- *Handy*
  Beim Handy ist noch faszinierender als beim herkömmlichen Telefon, dass es nicht von einem festen Standplatz aus klingelt, sondern die Erwachsenen springen auf, rennen los, suchen … Diese Aufregung lädt das Ding auf. Schon sehr junge Kinder erkennen seine Funktion und halten es spontan dem Erwachsenen ans Ohr.
- *Fernbedienung*
  Das Ding ist ja auch für Erwachsene so konzipiert, dass es haptisch angenehm ist. Und vielleicht spüren Kinder die Haltung des In-den-Sessel-Sinkens der Erwachsenen, und wie sie das Ding in die Hand nehmen und eine andere Atmosphäre entsteht, weil sie etwas Entspannendes erwarten.
- *Brummkreisel*
  Dieses Spielzeug ist für die Einjährigen besonders interessant, und es überrascht mich oft, wie geschickt sie einen Brummkreisel in Gang setzen. Es ist zwar ein Spielzeug, streng genommen kein Alltagsgegenstand. Aber für die Kinder in diesem Alter sind ihre Spielzeuge auch Alltagsgegenstände.
- *Besteck*
  Im Becher damit klappern und rühren, auf den Tisch klopfen, sich selbst aufmuntern, gehört werden. Beim Gefüttertwerden Spannung abbauen und Kraft sammeln für Lust und Unlust. Besteckbehälter auf den Tisch stellen: Das Kind wählen lassen, was passt zu welchem Gericht? Mit der Gabel Erbsen aufspießen, Nudeln aus der Suppe fischen.

Hausgebrauch

- *Backpinsel*
  Streicheln, sich selbst und andere. Und in Farbe tauchen und Spuren hinterlassen.
- *Schlüsselbund*
  Schon von John Locke im 17. Jahrhundert empfohlen. Den hat man doch immer dabei! Wenn ein Kind unruhig ist, im Auto, im Supermarkt. Zu jedem Schlüssel eine Geschichte erfinden. Man nannte das früher: das Kind ablenken. Ich sage lieber, das Kind *hinlenken*, auf eine geistige Beschäftigung.

IV

Wunderkammern des Alltags

Vielleicht mag es manchmal auch nicht fehl am Platz sein, ihre
Wissbegier dadurch anzuregen, dass man seltsame und neue Din-
ge vor sie hinstellt, um ihre Fragelust absichtlich anzustacheln und
ihnen Gelegenheit zu geben, sich zu informieren.
JOHN LOCKE[56]

Die Weltwissen-Vitrine:
Eine öffentliche »Bibliothek der Dinge«

Die Kommunikation über die Dinge daheim weiter anzuregen, sie mit kleinen Bildungsprojekten zu beleben, um die Eltern als alltägliche Bildungsbegleiter ihrer Kinder zu aktivieren – das ist das Ziel von »Weltwissen-Vitrinen«.

Pädagogen und Eltern stellen Alltagsgegenstände zusammen. Die Sammlungen in den »Wissens-Vitrinen« oder »Wunderkammern des Lernens« enthalten Haushaltsgegenstände
wie Rührgerät, Obstentkerner, Nudelbrett, Kaffeemühle,
Waschbrett, Schuhlöffel, Spaghettimaschine. Werkzeuge wie
Dübel, Wasserwaage, Handbohrer, Mörser, Schraubzwinge,
Häkelnadel, Webrahmen. Instrumente wie Stethoskop, Fernglas, Kompass, Zahnspiegel, Stoppuhr, Mikroskop, Stimmgabel. Selten gewordenes Spielzeug wie Kreisel und Springseil.
Historische Gebrauchsgegenstände, Federkiel, Schiefertafel.
Fundstücke aus aller Welt – ein Rehgeweih, Muscheln, Fossi-
lien …

Was in den Vitrinen gesammelt wird, sind keine besonderen Dinge. Viele davon hat man auch zu Hause. Die Kinder
haben sie schon gesehen, aber nur wenige haben sie beachtet.

Nur die Kinder? Auch die Eltern sind erstaunt, was sie im

täglichen Leben und Tun um sich haben. Eine Wissensvitrine ist wie eine Bibliothek der Dinge. Eine öffentliche. Nicht jede Familie muss ein Stethoskop besitzen, eine Stimmgabel, eine Spaghettimaschine oder ein altes Waschbrett. Aber jedes Kind sollte damit in Berührung kommen können. Ausgeliehen für ein paar Tage nach Hause, kann man diese Dinge daheim mit den Eltern oder den Großeltern ausprobieren, bespielen, zeichnen, verändern – und dann wieder zurückbringen in die Weltwissen-Vitrine in Krippe, Kindergarten, Grundschule.

Warum »Vitrine«?

In einer Vitrine werden die Alltagsgegenstände aus ihrer Selbstverständlichkeit gelöst, sie werden inszeniert, mehr oder weniger feierlich, in einem »Zeigemöbel«. Manche Kindergärten haben die Vitrine beleuchtet oder die Objekte vor Spiegel gestellt, um sie – wie in einer Wunderkammer – kostbarer erscheinen zu lassen.

Ein Ding »auratisieren«! Etwas hervorheben, auf einen Sockel stellen, dafür gibt es schon Zeugnisse aus dem Neolithikum in China. Steine in ungewöhnlichen Formen, auf kleine Podeste gestellt, veränderten den Blick. Die Ehrfurcht des gelenkten Blicks verlieh ihnen metaphysische Eigenschaften.[57]

Unsere Weltwissen-Vitrinen sollen keine Tabernakel sein, und auch kein Safe. Sie sollen nicht einschüchtern, nicht abweisen, sondern den Blick locken auf ein besonderes Objekt, hervorgehoben wie auf einem Podest, einer kleinen Bühne, in einem Lichtkegel. So kann dann auch ein unscheinbarer Fund, etwas aus der Natur, ein Stein, eine Muschel, im Auge des Betrachters ein *Ding* werden. Die Dinge in den Vitrinen stehen dort aber nicht zur Dekoration; ähnlich wie im Schaufenster soll ein Appell von ihnen ausgehen: Nimm mich mit nach Hause. Wenn wir dann unter uns sind, können wir was erleben.

Warum »Vitrine«?

Schränke und Kästen können problemlos in Vitrinen umgewandelt werden. Während einer Veranstaltung über Weltwissen-Vitrinen griff eine Grundschulrektorin zum Handy und rief die Schulsekretärin an. »Gerda? Wir haben doch diese Schränke im Flur. Räum schon mal die Pokale raus!«

Andere Kindergärten haben alte Telefonzellen ersteigert und als Vitrinen verwandt. Oder an der »Weltwissen-Wand« wurden offene Schachteln, in jeder ein Ding, angebracht. Wenn das Kind sich für einen Gegenstand entscheidet, wandert die Schachtel über seinen Garderobenhaken. Darin eine Notiz oder eine Zeichnung des ausgeliehenen Gegenstands. Später wandert die Schachtel zur »Weltwissen-Wand« zurück, mit dem vielleicht veränderten Gegenstand oder einer kurzen Notiz und einer neuen Zeichnung. In einem Berliner Projekt, *Krimskrams in Action*, haben Waldkindergartenkinder ihre Naturfunde in selbst gestalteten Landschaften ausgestellt. Zusammen mit einem Schreiner hatten sie schubladengroße Schaukästen gebaut und Plexiglasscheiben darüber befestigt. Jedes Objekt der Sammlung erhielt einen eigenen Archivbogen, auf dem die Kinder Merkmale, Fundort, besondere Eigenschaften vermerkten.[58] Eine Vitrine kann auch ein einfacher Glassturz sein. Eine große Blumenvase zum Beispiel wird auf einem Tisch im Eingangsflur des Kindergartens über eine Stimmgabel oder einen Hufeisenmagneten gestülpt: Unser Ding der Woche! Oder eine Truhe, ein Koffer wird zum »Zeigemöbel«. In einem Kindergarten heißt er *Utensilienkoffer* und wird von den Eltern gefüllt. Einmal in der Woche, in der sogenannten Wachzeit, wenn die jüngeren Kinder schlafen und die Erzieher ihre Teambesprechung abhalten, kommen abwechselnd zwei Eltern und nehmen sich mit den »Wachkindern« Gegenstände aus dem Koffer vor.

Manchmal steht die Vitrine tagelang leer. Ruht sie sich aus?

Manchmal ist die Vitrine eine Zeit lang verhüllt. Wird da hinter den Kulissen etwas vorbereitet?

Auf jeden Fall müssen die Vitrinen immer wieder neu *bespielt* werden, mit wechselnden Themen. Sonst werden die Dinge darin umhüllt von abgestandener Luft und von den Vorbeigehenden bald übersehen wie die Pokale in der Vereinsgaststätte.

Wechselnde Themen der Vitrine oder einzelner Fächer können zum Beispiel sein: Exotische Haushaltsgeräte – Spiegel – Alles zur Zahl Sieben – Die Sommerferien – Reisen – Dinge reparieren, Dinge pflegen – Weihnachten – Feuer – Kommunikation – Berufe – Die Sinne: Sehen, Riechen, Horchen, Tasten.

Wenn Gegenstände zu Hause bearbeitet oder verändert werden, sollte es möglichst mehrere davon geben. Nicht nur eine Kokosnuss, sondern drei. Damit auch etwas schiefgehen kann, ohne dass deshalb die Eltern ein schlechtes Gefühl bekommen. Oder um unterschiedliche Methoden herauszufinden, wie man eine Kokosnuss öffnen kann.

Braucht es Regeln für den Umgang mit der Vitrine? Dürfen Kinder die Vitrinen ohne Weiteres öffnen? Die Erzieher meinen, nein. Zwar sind die Zeiten vorbei, als Kindergärtnerinnen morgens den Kindern das Spielzeug oder ihr Bastelmaterial »zuteilten«. Es war eine Errungenschaft der Kindergartenreform der 1970er Jahre, dass die Kinder selbst in die Regale greifen durften. Aber die Vitrine, dieses Gemeinschaftseigentum, soll doch geschützt werden. Ein Thema für die Kinderkonferenz.

Auch daheim können kleine Vitrinen entstehen. (Ein gutes Elternhaus ist ohnehin eine Weltwissen-Vitrine für sich.) Die Garage, der Keller: ein Familienmuseum! Das Elternhaus hat mehr Dinge auf seiner Seite als Schule und Kindergarten. Früher hat man in der Kredenz im Wohnzimmer die Likörgläser ausgestellt. Heute könnte es kleine Wechselausstellungen geben, zum Beispiel hinter einer Glastür in der Regalwand. Themen wie: Unser ältestes Ding im Haushalt. – Etwas, das demnächst endlich repariert werden muss. – Etwas, das wir selbst repariert haben. – Ein Ding, über das wir oft streiten. – Ein Ding, das nur wir in unserer Familie haben. – Ein Ding, das wir nie verschenken würden. – Ein Ding, das wir in zwei, drei Sprachen kennen. – Ein Ding, von dem ich schon geträumt habe. – Ein Ding, das gut erfunden ist. – Ein Ding, das wir aus der Weltwissen-Vitrine ausgeliehen haben.

Oder bei den Großeltern: Wenn die Enkelin zu Besuch kommt, steht auf dem Küchentisch jedes Mal ein anderes Ding unter einem Glassturz. Ein Hufeisenmagnet, eine Stoppuhr, ein Mörser, Gänsefeder mit Tintenfass ... Das probieren wir heute Nachmittag mal aus.

EXKURS

»Die Erfahrung öffnet den Verstand.«
Die Wunderkammer von August Hermann Francke,
eine historische »Ding-Sammlung«

Im Jahr 1692 wurde ein junger Theologe als Pfarrer nach Halle berufen, August Hermann Francke. Es war kein glanzvoller Anfang einer Karriere. Ganz Deutschland litt noch an den Folgen des Dreißigjährigen Krieges. Franckes arme Gemeinde Glaucha, vor den Toren Halles gelegen, war vom Elend besonders gezeichnet. Eine Pestepidemie hatte einige Jahre zuvor fast jeden zweiten Einwohner das Leben gekostet, und viele Waisen waren zurückgeblieben. Francke traf auf eine von Armut und Branntwein demoralisierte Bevölkerung.

Sein großes Bildungsprojekt begann in seinem Wohnzimmer mit fünf Schulbüchern für zehn Kinder. Zwei Jahrzehnte später hatte der geniale pietistische Unternehmer und Manager eine ganze Schulstadt geschaffen, eine Stadt Gottes als eine Stadt des Wissens: die »Franckeschen Stiftungen«. Sie lagen auf einem Gelände mit über fünfzig Fachwerkhäusern, die Produktionsstätten, Schulen, ein Kinderkrankenhaus und eine Bibliothek beherbergten, hinzu kamen Wirtschaftsgärten und Obstanbau. In wenigen Jahren verwirklichte Francke ein Erziehungsprojekt von großer Ausstrahlung, weit über Preußen hinaus.

In den Häusern der Franckeschen Stiftungen wurden Bibeln und Arzneien hergestellt und in alle Welt exportiert. In den Schulhäusern ließen bald auch der preußische Adel und das frühe Bürgertum, beeindruckt von der Disziplin und Weltläufigkeit der Franckeschen Unternehmungen, die Söhne, die künftige preußische Beamtenelite, ausbilden. Die Kinder der Ärmsten und die Kinder der Reichen lernten in den Stiftungen auf demselben Gelände. Auch die Lateinschüler, die Zöglinge

»Die Erfahrung öffnet den Verstand.«

aus privilegierten Elternhäusern lernten handgreiflich, in den Werkstätten und auf den Äckern, wo Francke mit neuartigen Methoden der Landwirtschaft experimentieren ließ.

Einer der ersten Erfolge des Pietisten Francke war das Verbot der Kneipenöffnung während der Gottesdienste gewesen. Nüchterne Selbstbeschränkung im Dienst am Großen Werk forderte er sich und seinen Zöglingen ab. Straff geplante Tagesläufe, Ansporn zu ständiger körperlicher und geistiger Bewegung und Selbstkontrolle, die Vision eines produktiven und gottgefälligen Erdenlebens vor Augen!

Aber die Haltung des planvoll Werte schaffenden Menschen konnte bei den Kindern nicht allein durch strenge Pädagogik erzwungen werden. In den Franckeschen Häusern wurde im straffem Zeitregiment gearbeitet, gelernt und gebetet, aber es wurde auch viel gesungen, in religiös bewegter Seelensprache. Das pietistische Singen hat dabei das expressive Vokabular der deutschen Sprache erweitert, ein produktiver Landgewinn auch hier. Dem Halleschen Pietismus verdanken wir Wortschöpfungen wie »innig«, »in sich gekehrt sein«, »ergreifen«, »einleuchten«, »Einsicht«.

Gebetet und gesungen wurde täglich im Zentrum des Ensembles, im großen Waisenhaus. Ein für die Zeit höchst aufwendiger Bau aus besten Baustoffen, in seinen Proportionen würdig und zugleich schlicht, heute noch erhalten, mit seinen großen Schlafsälen, Schulräumen und dem Bet- und Singesaal für über zweitausend Kinder.

Und unter dem Dach im obersten Stockwerk, heute wunderbar restauriert, etwas Einzigartiges: die Kunst- und Naturalienkammer. Es ist die wahrscheinlich einzige original erhaltene Wunderkammer aus der Barockzeit, eine *Schatz- Raritäten-Naturalien-Kunst-Vernunfft-Kammer*, wie sie in einem museumskundlichen Standardwerk von 1727 genannt wird.[59]

Heute ist dieses Museum eines Museums ein nach wie vor

Steine. Die Bedeutung des Gewöhnlichen wird erhöht durch einen prächtigen Altaraufbau: eine Vitrine in Franckes Wunderkammer

»Die Erfahrung öffnet den Verstand.«

Becher, Karaffe, Schale. Die Zöglinge sollten sehen, wie Menschen in aller Welt ihre größte Kunst für die Gestaltung der Dinge des täglichen Gebrauchs verwandten

faszinierendes Ensemble von einigen tausend Exponaten in opulent bemalten originalen »Weltwissen-Vitrinen«.

Wenn Francke Gottes Hand spürte, war ihm kein Projekt zu groß. So auch das Sammeln für seine Wunderkammer. In einem grauen, vom Krieg mitgenommenen Ort in der Provinz nimmt sich ein mittelloser Pfarrer nichts weniger vor, als das gesamte Universum, Gottes Schöpfung, in einem einzigen Raum zu vereinen und der Anschauung seiner Zöglinge zu präsentieren. Alles, was wertvoll war, merkwürdig schien, der Erklärung bedurfte oder Seltenheitswert hatte, wurde hier zusammengetragen. Für die Augen der Kinder wurde ein Mikrokosmos aufgebaut, der mit seinen Hunderten von Exponaten aus Natur, Wissenschaft, Kunst und der Alltagskultur ferner Länder vom Makrokosmos erzählte. Um über die Welt zu staunen, zu lernen und Gottes Taten zu feiern.

Die ersten Stücke für seine Sammlung erbat Francke 1698 vom Kurfürsten Friedrich III. von Brandenburg. Dieser schickte ihm einige Doppelstücke aus seiner fürstlichen Raritätenkammer, darunter ein Straußenei und zwei Penisse von Walen. Diesen ersten exotischen Objekten seiner Sammlung folgten bald weitere Schenkungen. Francke hatte Handelsstützpunkte in den wichtigen Seehäfen der Welt, und vor allem in Amerika und Indien waren lebendige pietistische Gemeinden entstanden. Die Handelsreisenden und Missionare ließen sich anstecken von Franckes Sammelleidenschaft und steuerten Funde aus aller Welt bei. Schon nach zwei Jahren gab es achtzig Exponate. Schattenspielpuppen, Stoffmusterbücher, Reliquienschreine, Geduldsflaschen, eine Mückenhaube aus Astrachan, Münzen, Schildkrötenpanzer, Walknochen, Muscheln aller Art, »drei Moskowitische Nadel-Büchslein«, chinesische Schuhe zum Verkrüppeln weiblicher Füße, »Persianisches Schreib-Zeug« und sogar das Horn eines Einhorns.

Die Wunderkammer im Franckeschen Waisenhaus wurde

»Die Erfahrung öffnet den Verstand.«

bald attraktiv für Besucher, 1720 waren es schon sechzig Besucher täglich. Aber Francke wollte, anders als die Fürsten, sich mit seiner Sammlung nicht als reich und einflussreich darstellen. Und für einen Protestanten bliebe es ein schales Vergnügen, Kuriositäten mit offenem Mund zu begaffen. Stattdessen soll produktiv gestaunt und darüber reflektiert werden! Nicht die Sensationslust soll im Betrachter angestachelt werden, das Schaudern über das Skelett einer hingerichteten Mörderin etwa, sondern die Exponate waren das Kernstück des Franckeschen pädagogischen Credo: »Die Erfahrung öffnet den Verstand.«

Im Geist der gottesfürchtigen Betriebsamkeit, die er in seinen Zöglingen entfachen wollte und für die er selbst das beste Beispiel war, hat er Faszinierendes auch im nächsten Erfahrungsraum erkannt. Rationale Lebensführung, das war seine Überzeugung, muss nicht nur als pflichtbewusste Selbstunterdrückung erlebt werden; sie soll gespeist sein aus der Freude am Funktionalen, am planvollen Werken mithilfe klug gestalteter Dinge. Wenn man auch heimische Dinge fürs kindliche Auge attraktiv genug präsentiert – und von Vitrinenkunst, Schaufensterkunst verstand er, der begabte Werbestratege seiner Unternehmungen viel –, und wenn man dann die richtigen Fragen an die Dinge stellt, können auch das Wohngebäude und die Arbeitswelt vor der Haustür exotisch interessant werden.

Francke, einer der Väter der »Realschulpädagogik«, ließ für eine spezielle Vitrine der Wunderkammer Modelle von Handwerkstätigkeiten anfertigen. Kunstvoll geschreinerte Repliken in der Größe einer Schuhschachtel: eine Drechselbank mit den zugehörigen Werkzeugen, ein Hammerwerk, eine Salzkote und eine Druckerei. Alle konnten von den Schülern berührt und bedient werden.

Es gab in der Wunderkammer auch eine Vitrine zur Architektur und Baukunst. In Franckes Lehrplan hieß das »Architectura civilis, einen Grund- und Standriß nebst Modellen machen lernen«. Die Kinder konnten das Modell in Einzelteilen auseinanderbauen und wurden nach den Funktionen der Teile – Schornstein, Dach – befragt. Unser Waisenhaus: Wie sieht es von oben aus, wo essen wir, wo singen wir, wo schlafen wir …?

Das aufwendigste Modell der Sammlung ist das heute noch erhaltene – kopernikanische! – Planetenmodell, raumhoch, von den Schülern selbst mit einer Kurbel in Bewegung zu setzen.

»Wissenschaft«, sagte Francke, »ist ein Dünger des Seelen-Ackers.« Die Wissenschaft sollte anschaulich werden. In Franckes Sammlungen von Amphibien konnten die Kinder staunen über Tiere, die man nicht jeden Tag sieht, Lebewesen, die zu Wasser und zu Land leben können. Und auf dem Dach des Waisenhauses, im Observatorium, konnten sie die Sterne über Halle mit dem Fernrohr betrachten.

Diese Ding-Pädagogik Franckes war begleitet von großer Ehrfurcht für das geschriebene Wort. Viele Schreibwerkzeuge aus aller Welt in den Vitrinen, Pinsel, Meißel, und viele fremdartige Schriftzeichen, kyrillische, chinesische, hebräische, arabische.

Das alles war Anschauung auch im Geiste des *Orbis pictus*, des großen pädagogischen Welt-Anschauungs-Buchs von Comenius, den Francke verehrte. Aber Francke wollte über die Anschauung im Buch hinaus, er suchte die direkte Begegnung mit den ausgewählten Dingen und den Einstieg in reale Tätigkeiten. Auch die Söhne des Adels und des Bürgertums, die privilegierten Lateinschüler, die später die Staatsgeschäfte führen würden, mussten an die Werkbank, in die Gartenarbeit. Auch sie lernten drechseln, Glas schleifen, den Umgang mit Pflanzen.

Mit der Hand, mit dem ganzen Körper auf Lernanlässe zugehen können – muss diese Pädagogik in jedem Jahrhundert neu erfunden werden? In der Pädagogik der Aufklärung als bürgerlicher Produktionsethik, heute – *hands-on* – gestützt auf Entwicklungspsychologie und Hirnforschung?

Über solche Parallelen in pädagogischen Absichten kann

»Die Erfahrung öffnet den Verstand.«

man vor Franckes Vitrinen staunen. Die Welt auf dem Weg über die Dinge ins Gespräch holen! Staunen auch über ein solches Bildungsprojekt vor dreihundert Jahren, an einem darnieder liegenden Ort, ein Projekt aus dem Nichts sozusagen, das sich auf keine Tradition der Volksbildung stützen konnte.

Francke hat vor seinen Zöglingen Tausende von Dingen als merkwürdige und kluge Kostbarkeiten ausgebreitet. Damit hat er wohl auch manches Kind fesseln können, das mit Gewalt nicht zum Stillsitzen zu bringen gewesen wäre. Denn nicht jedes verwahrloste Kind in Glaucha hatte auf einen Francke gewartet – die Tagebücher der Stiftungen verzeichnen viele »Abgänge«, viele gestorbene und fortgelaufene Kinder, und Kinder, die ihn bei erster Gelegenheit belogen und bestahlen. Mit Körperstrafen und Strenge allein wären diese Kinder nicht für die protestantische Selbstzucht zu gewinnen gewesen. Er musste ihnen etwas bieten.

Den Kindern heute sind die exotischsten Dinge geheimnislos präsent, scheinbar präsent, sie werden ihnen geboten von der Kinderkultur und vom Fernsehen.

Uns muss es heute gelingen, eine Wäscheklammer in einer Vitrine durch unseren Blick und unsere Fragen so zu verfremden, dass sie geheimnisvoll wird und uns fasziniert. Dass wir unter der Oberfläche eines vertrauten Gegenstandes einen Augenblick lang die Kräfte des Universums spüren.

Wir, das schließt heute die Eltern ein. Francke nahm keine Rücksicht auf die Elternhäuser seiner Zöglinge. Auch wenn längst nicht alle Kinder Waisen waren, ihre Familien existierten nicht für ihn. Und er machte dabei kaum einen Unterschied zwischen Kindern aus verwahrlosten Umständen oder aus adeligen Häusern.

Wir gehen heute davon aus, dass das Elternhaus der erste und der einflussreichste Bildungsort des Kindes ist. Und jedes Elternhaus könnte eine Wunderkammer sein.

Aus der Weltwissen-Vitrine an den Familientisch

Ausschlaggebend für Bildungserfolg der Kinder ist der kulturelle Stil, den eine Familie pflegt. Die Anzahl der Bücher, die in einem Elternhaus vorhanden sind, die Zeit, die sich Eltern für Gespräche mit Kindern nehmen, die Themen und Gegenstände, über die sie sich mit ihren Kindern unterhalten. Die kulturelle Praxis in einer Familie schlägt eindeutig auf die Lese- und Lernkompetenz des Kindes zurück. Unabhängig davon, um welche Bücher es sich handelt – ob kanonische Weltliteratur oder Sachbücher –, unabhängig davon, wann die Kinder ins Familiengespräch einbezogen werden, unabhängig davon, an welchen Themen das Für und Wider einer Sache erörtert wird, Sport, Politik – Hauptsache, die Eltern nehmen sich Zeit, diskutieren etwas. Das ist für den Wissenserwerb des Kindes letztlich entscheidender als die Berufsposition oder der Migrationshintergrund der Eltern. Es müssen Familien sein, die den Anschluss an die Wissensgesellschaft gefunden haben und halten.
Heinz Bude, *Die Ausgeschlossenen*[60]

Viele Familien scheinen auf die Anregungen der Weltwissen-Vitrine nur gewartet zu haben. Das Fragen, das »Gedanken erweckende Beobachten« (Martin Wagenschein) mit den Kindern entzündet sich vielleicht zuerst an Dingen, die man noch nie gesehen hat. Dann erkennt man allmählich, dass man die Dinge, die wir jeden Tag zur Hand haben, auch nicht kennt. Das Projekt »Wunderkammer« ist die Einführung in eine unerwartete Art zu denken. Das kulturelle Wissen, eingegangen in die Dinge, wird wieder lebendig in der Praxis, im tätigen Nach-Denken.

Ob die Gedanken richtig oder falsch sind – da redet das Ding entscheidend mit. Die Sachlogik!

Es gibt aber auch ein Mehr in den Dingen. Und den kindlichen Wunsch, auszubrechen aus der strengen Funktionalität. Die Eltern müssen oft noch lernen, sich dem Zufall überlassen zu können. Den Erwachsenen, ergebnisorientiert, wie sie sind, fällt es oft nicht leicht, den Assoziationen des Kindes zum »Mehr in den Dingen« zu folgen und immer wieder auch den Kindern die Regie zu überlassen. Aber erst dann können sie mit frischem Blick, versuchsweise mit dem Blick der Kinder, auf die bekannten Gegenstände blicken. Dann entdecken alle gelegentlich den Keim für eine Erfindung: Was wäre, wenn ... wir es nicht hätten. Oder wenn ... es aus anderem Material wäre?

Die Dinge sollte man »ausreden lassen«, sagt der große Didaktiker der Naturwissenschaften, Martin Wagenschein. Aber sie sprechen nicht drauflos. Man muss sie befragen, und das setzt auch Wissen voraus über ihre Entstehung und Verwendung. Bei den Erwachsenen hat sich solches Einstiegswissen über die Jahre akkumuliert, mehr, als ihnen bewusst ist.

Manchmal legen die Erzieher oder die Grundschullehrer dem Gegenstand einen kleinen Brief bei, mit einer Frage oder einer Aufgabe, einer »Elternhaus-Aufgabe«. Was habt ihr mit der Wasserwaage entdeckt? Wie habt ihr die Kokosnuss geöffnet? Die Erlebnisse und Erkenntnisse mit dem Ding werden in einigen Notizen, vom Kind geschrieben oder den Eltern diktiert, oder in einer Zeichnung festgehalten, und sie gehen ein ins Portfolio des Kindes. Welche neuen Ideen hat der Gegenstand ausgelöst? Der Tannenzapfen: Man konnte ihn in einen Strumpf stecken und als Massageball auf dem Rücken verwenden. Die Balkenwaage: Mein Zwillingsbruder und ich haben versucht, herauszufinden, ob einer von uns einen schwereren Kopf hat.

Nicht jedes Ding im Inventar der Welt kann man neu erfinden. Dass die Erwachsenen sich auf dem Gebiet der Sachlogik besser auskennen, erkennen die Kinder gern an. Wie kompetent der Vater mit dem Dübel umgeht, und wie geschickt führt der Opa die Sense über unebenen Boden! Die Pädagogen in den baden-württembergischen Bildungshäusern berichteten, dass sich die Wunschlisten der Kinder veränderten. Anstelle von überfertigen Dingen, Carrerabahn, Roboter, setzten sie öfter auch Werkzeug, eine Stimmgabel etwa, auf ihre Liste.

Viele Eltern waren spontan bereit, Otto Schweitzer und mich mit der Kamera zu ihren Expeditionen daheim dazukommen zu lassen. Aus den Beobachtungen in vierzig Elternhäusern sind drei Filme entstanden: *Die Dinge – daheim. Ein Bildungshaus im Taubertal* (2008), *In den Dingen. Eltern und Kinder öffnen die Wunderkammern des Alltags* (2009) und *Early Excellence im Wohnzimmer. Angeregt durch Kindertageseinrichtungen in München* (2009).[61]

In vielen Elternhäusern, die in Bildungsstatistiken aufgrund ihrer Lebensbedingungen als »bildungsfern« geführt werden – Familien mit sehr niedrigem Einkommen, Familien mit Migrationshintergrund –, waren wir beeindruckt von der Handlungslust, mit der die Anregungen aus den Wunderkammern umgesetzt wurden.

Gewiss, die Familien, die zwei Dokumentarfilmer bei ihren Expeditionen in Haus und Garten zuschauen ließen, waren auch sonst eher unkomplizierte Familien. Wir begegneten dort vielen sicher gebundenen Kindern. Das erkannten wir an den offenen Blicken, die zwischen Erwachsenen und Kindern hin und her gingen, und an der Art, wie gefragt wurde (nie abfragend). An der Art, wie die Kinder mit den Gegenständen in der Wohnung umgingen – lässig, aber auch nicht ohne Rücksichten, da schien es selbstverständliche Regeln zu geben. Natürlich genossen es die Kinder, bei den Elternhaus-Aufgaben im Mittelpunkt zu sein, nicht als zu versorgende, sondern als denkende Wesen. Oft waren ja auch sie es, die die Eltern in etwas Neues einführten, den Umgang mit Essstäbchen zum Beispiel, den sie selbst im Kindergarten schon geübt hatten. Die Väter, nicht mehr nur ferne Autoritätspersonen, setzten sich oft dazu. Die Gegenstände aus den Vitrinen sprachen auch die Männer an. Wenn man dann ins Nachdenken kam, über den Tanz des Tischtennisballs und der Watte über dem warmen Luftstrahl des Föhns zum Beispiel, trafen sich besonders oft die Blicke von Vater und Tochter und von Mutter und Sohn.

Gute Lebensgewohnheiten haben wir oft angetroffen. Vor allem in den Familien mit Migrationsgeschichte sahen wir viel Gemüse und Obst in den Küchen. Vielen Müttern ist es gelungen, hinter namenlos gleichgültigen Fassaden der Wohnblocks gute Orte zu schaffen. Das Ankommen bei ihnen war ein Eintreten.

Hohe Erwartungen an die Bildung ihrer Kinder hatten alle Eltern. Aber dass nicht alles von den öffentlichen Institutionen kommen kann, dass sie selbst wichtige und fähige Bildungsbegleiter ihrer Kinder sind, war vielen nicht klar. Sie müssen es von früh an erleben und durch alltägliche Bildungsprojekte darin bestärkt werden.

Schauen wir ihnen dabei zu.

Zahnspiegel: Blick ins Innere

Dieses Ding kann jeder Laie ohne große Kosten im Internet bestellen. Aber wer tut das schon? Also ist es in kaum einem Haushalt vorhanden. Und doch hat jeder Erwachsene schon mal beim Zahnarzt einen Zahnspiegel gesehen, und wenn einer oder zwei in der Vitrine im Kindergartenflur ausliegen, bekommen Kind und Mutter Lust, sich das Teil daheim genauer anzuschauen.

Jetzt liegt das Ding, in einen Haushalt verirrt, auf dem Tisch im Wohnzimmer, vor der Mutter, dem dreijährigen

Sohn und seinem gleichaltrigen Freund. Vom Hochstuhl aus schaut der einjährige Bruder zu.

Spielzeugdimensioniert kleiner ist dieser Spiegel, und ungewohnt in einem Winkel an einem Stiel befestigt. Das Ding ein bisschen manipuliert, und man kann darin die eigene Nase sehen. Ding, Auge und Hand führen näher zum besonderen Zweck dieses Instruments: die eigenen Zähne zu betrachten. Dafür muss man nicht nur den Mund öffnen, findet der Sohn heraus, sondern am besten auch die Lippen hochziehen, also für den Zahnspiegel eine Grimasse schneiden. Dass das Spiegelbild ein Abbild seiner selbst ist, weiß ein Dreijähriger. Mithilfe dieses Instruments kann man den Blick in schwer zugängliche Winkel im Körperinneren lenken. »Ich sehe was, was du nicht siehst«, scheint das Ding dann zu sagen. Das geht allerdings nur – beim Selbstuntersuchen –, wenn das Spiegelbild des Zahnspiegels in einem anderen, statischen Spiegel reflektiert wird. So weit ist ein Dreijähriger noch nicht. Also erst mal eine andere Verwendung: Dem kleinen Bruder in den Mund schauen, ins Innere dieses Lebewesens, ins Dunkel einer Körperöffnung. Das Baby auf dem Schoß der Mutter kooperiert, öffnet den Mund, aber vorsichtshalber ist es die Mutter, die ihm den Zahnspiegel einführt. Die zwei Freunde recken die Hälse und zählen: vier Zähne! Und wir, wie viele haben wir? Zwanzig, behauptet die Mutter. »Noah, ich hab zwanzig Zähne!«, ruft der Dreijährige. Dieses Lebensgefühl hat das blanke Ding aufgerufen, Wachstumsstolz, Körperstolz.

Was kann so ein Instrument noch? Bei einem nicht lebenden Objekt, dem Turm aus Legosteinen, wird es in eine Lücke zwischen den Steinen eingeführt. Stochern, und der richtige Winkel ist gefunden – die Farbe des oberen Legosteins erscheint auf dem Spiegel, das Werkzeug unterscheidet nicht zwischen einer Mundhöhle und einer technischen Konstruktion.

Aus der Weltwissen-Vitrine an den Familientisch 147

Zurück zum lebenden Objekt, zur Mutter. Sie sperrt den Mund auf wie ein Vogeljunges im Nest. Der Sohn führt das Instrument so behutsam ein, wie sie es ihm beim Baby gezeigt hat. Konzentriert schaut er auf die Spiegelfläche.

»Ich seh' da was – Fleisch!«, ruft er. Etwas nicht Harmloses scheint er da entdeckt zu haben, etwas, das man besser nicht sehen sollte, teilt die Mutter durch ihren prompten Protest mit. »Kann nicht sein«, gurgelt sie mit geöffnetem Mund, »ich hab mir heute so gut die Zähne geputzt!«

Beide Freunde recken die Hälse zum Zahnspiegel.

»Karotten vielleicht?«, sekundiert der Freund.

»Oder Soße?«, insistiert der Sohn.

Die Mutter, immer noch Patientin mit aufgesperrtem Mund, schüttelt abwehrend den Kopf, gurgelt ungläubig (»kann gar nicht sein«). Aber ein Dreijähriger lässt sich seine Beobachtung nicht so leicht ausreden.

»Aber ich seh' da so was wie Soße!«

Mit dieser Pointe ließen wir die Sequenz im Film *Die Dinge – daheim* enden. Nicht nur die Erwachsenen, auch größere Kinder mögen diese Szene gern. Schulkinder stecken in einem fortgeschrittenen Stadium ihres Körperwachstums. Die meisten Milchzähne sind ausgefallen, es wächst etwas nach – wächst es richtig oder schief? Und sie wissen längst, dass ihre Mundhöhle eine intime Körperöffnung ist. Die Schulkinder genießen die unschuldige Distanzlosigkeit der jüngeren Kinder.

Die Erwachsenen betrachten einen Zahnspiegel mit gemischten Gefühlen. Da kommen Erinnerungen hoch an bange Minuten und Stunden, Ausgeliefertsein, abgerungene Selbstbeherrschung und Angstspannung. Der Zahnspiegel, ein Detektor. Schlechte Nachrichten liegen in der Luft. Wie anders noch für den Dreijährigen. Es ist dasselbe Ding, und geschickt bewegt er es, kaum anders als eine Sprechstundenhilfe. Der Zahnspiegel scheint ein über die Jahrzehnte optimiertes Instrument zu sein, er liegt irgendwie richtig in der Hand, er ruft die richtigen Gesten hervor. Der Dreijährige, unbelastet von ambivalenten Erfahrungen, hantiert damit in fröhlicher Erwartung. Man wird damit Gutes, allenfalls Erstaunliches entdecken.

Bliebe ihm doch dieses Vertrauen in die Dinge erhalten!

Der Erwachsene verschickt ein Stoßgebet.

Wasserwaage (1): Von sich selbst überrascht werden

Dieses Ding haben viele Familien in der Werkzeugkiste daheim. Als das Handwerksgerät im Morgenkreis von der Erzieherin eingeführt wird, feierlich in die Höhe gehalten – »Was kann das sein?« –, bemerkt ein Fünfjähriger achselzuckend zu seinem Nachbarn, »das haben wir zu Hause auch«, und der nickt.

Aber schon einmal gesehen haben und genauer anschauen ist zweierlei. Im Kreis herumgegeben – was seht ihr? Alle erkennen gleich, dass das, was sich bewegt, die Luftblase (wie die Erwachsenen sie nennen), das entscheidende Merkmal ist. Man kann sie verlagern, wenn man die Richtung des Stabs verändert, in den sie eingelassen ist. Die Dreijährigen schaukeln die Waage dazu mit ihrem ganzen Körper hin und her. Die Fünfjährigen benutzen dafür nur noch die Arme, ihre Bewegungen werden gezielter; dann justieren sie die Waage nur noch aus dem Handgelenk. Manche Kinder verstehen das Gerät als Geschicklichkeitsspiel: Die Blase bewegen, bis sie deckungsgleich mit der Markierung ist! Fast geschafft! Schade, man muss an den Nachbarn weitergeben.

»Beschreibt mal, was ihr gesehen habt!«

»Da ist Wasser drin.«

»Seife!«

»Eine Seifenblase.«

Eine zweite Wasserwaage wird in den Kreis gegeben, eine ältere Wasserwaage aus Messing. Was ist gleich, was ist anders?

Die Erzieherin fasst zusammen:

»Ihr habt gesehen, die beiden Dinge sehen verschieden aus, aber etwas ist bei beiden gleich. Ihr habt gesagt, da ist Wasser drin oder eine Seifenblase. Meine Aufgabe an euch ist, zu Hause nachzuschauen, ob ihr da auch so etwas habt. Und probiert mit eurem Papa und eurer Mama aus, wofür man das Teil braucht.

Und dann zeichnet, was ihr gesehen habt. Für euer Portfolio. Und findet auch noch heraus, wie das Gerät heißt. Und wer will jetzt diese zwei Dinge aus der Wunderkammer ausleihen und nach Hause mitnehmen?«

Zwei Kinder waren schneller als der fünfjährige Talat. Das scheint er gewohnt zu sein. Talat spricht undeutlich, und sein deutscher Wortschatz reicht nicht weit, aber der Erzieherin ist sein Interesse nicht entgangen: »Wir könnten das Ding hier im Kindergarten abzeichnen. Für dein Portfolio.«

Zur Überraschung aller legt der fünfjährige Talat in kurzer Zeit ein akkurates Abbild einer Wasserwaage hin. Zwei Freunde schauen ihm interessiert über die Schulter. Auch die Luftblase erscheint maßstabgetreu. Besser hätte es auch der fünfjährige Leonardo da Vinci nicht gekonnt. Sogar das Herstellerzeichen mit sämtlichen Buchstaben erscheint nach und nach korrekt durch Talats Stift auf dem Papier. Er weiß selbst nicht, wie ihm geschieht. Die Erzieherin sagt, scheinbar obenhin – aber man spürt, wie überrascht sie ist, wie sie ihren Augen kaum trauen kann –: »Und jetzt schreiben wir noch dazu, wie du die einzelnen Bestandteile nennst.«

»Ich kann doch nicht schreiben.«

»Aber ich. Du diktierst es mir.«

»Wasserblase.« – »Seife.«

»Soll ich schreiben Wasserblase oder Seifenblase?«

Der von seiner künstlerischen Leistung wie benommene Talat schiebt das beschriftete Werk in eine Folie und heftet sie in seinen Ordner, sein Ich-Buch. Er blättert zurück zu einem Foto des Zweijährigen auf der Rutsche. »Hallo kleiner Talat«, sagt der Fünfjährige freundlich zu sich selbst und streichelt sein Babyfoto. Die Erzieherin klappt anerkennend seinen Ordner zusammen – »Wusste ich's doch! Unsere Kinder können mehr, als man denkt!« – und drückt ihn Talat in den Arm.

»Den nimmst du mit nach Hause und fragst deine Mama, wie das Ding funktioniert, das du gezeichnet hast!«

Und jetzt geschieht etwas Beunruhigendes.

Talat weicht zurück.

»Das weiß die net!«, ruft er in impulsiver Abwehr.

Dieses »… das weiß *ich* doch net …!«, diese heftige Abwehr kann man oft hören, manchmal schon bei sehr jungen Kindern, vornehmlich bei Jungen aus sogenannten bildungsfernen Familien. Da haben erste Weichenstellungen stattgefunden, es hat sich eine Verweigerung von geistigen Herausforderungen wie ein Reflex eingespielt. Es soll heißen: Das weiß ich nicht, aber das macht nichts. Deshalb bin ich noch lange kein Verlierer. Unsereins braucht das nicht zu wissen, bleibt uns vom Leib mit eurer Fragerei! »Das weiß *ich* doch nicht« – da spricht nicht das individuelle Ich des Kindes. Da ist ein Subtext »unsereins« – solidarisch, kollektiv.

Ein früh gelerntes Ausscheren, bevor es ernst werden könnte mit den Risiken des Wissensaufbaus, den Niederlagen, den Enttäuschungen. In diesen Habitus, abschätzig, auftrumpfend, geraten vor allem die Jungen. Spar dir deine Diskurse, ich schaffe es auch ohne euch. Und wenn nicht – Pech!

Statusfatalismus wird oft von einer Generation auf die nächste vererbt. Wenn dieser Statusfatalismus dem Kind bereits zur zweiten Natur geworden ist, prallen die guten pädagogischen Absichten der Erwachsenen ab.

Wasserwaage (2): Wie kann man die Dinge befragen?

Wir begleiten ein Geschwisterpaar mit der Wasserwaage aus dem Kindergarten nach Hause. Die albanischen Eltern, von der Erzieherin telefonisch verständigt, waren gleich einverstanden. Sie verstanden, dass da ein kleines Alltagsbildungsprojekt stattfinden würde, wie sehr sie es wortlos verstanden! Und nun lag die gelbe Plastikschiene aus der Weltwissen-Vitrine auf ihrem Couchtisch. Daneben, vom älteren Sohn geschwind aus dem Werkzeugkasten geholt, die eigene der Familie. Zwei blanke Teile aus dem Baumarkt. Was nun?

Die Dinge reden nicht drauflos. Oder sie reden undeutlich. Sie gehen zur Hand, aber um ihre Wirkungskräfte zu verstehen, reicht es nicht, sie nur anzufassen.

Be-greifen! Viele Pädagogen begeistern sich für dieses Wort, als läge darin ein geheimes Programm, das sich selbst erfüllt. Als gäben die Dinge, *hands-on*, ihr Wissen einfach an ihre Benutzer ab. Aber um einen Begriff der Dinge zu erhalten, muss man sie befragen. »Die Dinge sind Bauchredner.« (Martin Wagenschein)

Wir halfen mit einem Handgriff, wir verschoben ein Bild an der Wand. Schräg neigten sich die Minarette der Moscheen. Vater und Sohn legten die Wasserwaage an. Gemeinsam etwas Drittes zu beobachten, das verbindet, bringt auf gleiche Augenhöhe. Gemeinsam abwarten, gemeinsam abhängig sein von äußeren Kräften, solches mit Erwachsenen gleich getaktetes Warten erfährt ein Kind gar nicht so häufig. Auch der Erwachsene nimmt das Kind anders wahr, wenn man gemeinsam an etwas herangeht, das stärker ist als man selbst. Dann verändert sich der Tonfall des Erwachsenen und des Kindes. Die Erwachsenen sprechen nicht mehr im einfühlsamen Pädagogenton (dem »Mütterisch«), und auch die Kinder kommen herunter von ihrer munteren

Kindergartentonlage. Sachgespräche entstehen, »Fachsimpeln!«

Der nächste Vorschlag kam vom Vater. Man könnte doch die Ladefläche des Spielzeuglastwagens mit der Wasserwaage testen – ist sie waagrecht? Bleibt sie es auch, wenn das Auto abwärts fährt? Der Sohn probierte hin und her, er begann dabei zu summen, aufmerksam betrachtet von seiner jüngeren Schwester.

Aber – wird jetzt nur gespielt? Es soll doch ein Bildungsprojekt sein! Der innere Lehrer des Vaters meldete sich zu Wort. »Wasserwaage!«, sagte er mehrmals eindringlich zum Sohn. »Das ist eine Wasserwaage! Du weißt, wie's heißt, Wasser-Waage?« Der Sohn verstummte unter der ungewohnten Intensität des Vaters. Seines Vaters, der wie alle Eltern heute so große Bildungserwartungen für ihn hat. Alles möchte der Vater für ihn tun. Auch Zeit hätte er dafür, er ist arbeitslos. Und er weiß viel, ein Facharbeiter, er könnte seinen Kindern abgeben von seinem Wissen.

Die kleine Episode mit der Wasserwaage daheim hatte in dieser albanischen Familie etwas angestoßen, das im Alltag von bildungsnahen Familien häufig und wie absichtslos stattfindet: Sachbegegnungen, informelles Kommunikationstraining, Anschluss an das Wissen der Welt. Familien, in denen diese Gewohnheiten fehlen, brauchen Anregungen. Die können für sie nur aus der ersten öffentlichen Bildungseinrichtung im Leben eines Kindes kommen, aus dem Kindergarten.

Wird man den Erzieherinnen auch noch diese Aufgabe aufsatteln, sollen sie es sein, die sich »Elternhaus-Aufgaben« ausdenken und mit den Eltern darüber kommunizieren? In den zwanzigtausend englischen Children Centers übernehmen die *family workers* oder *family coaches* diese Aufgabe. Sie besuchen die Familien mit Büchern in der Tasche, sie spielen mit Eltern und Kindern zu Hause, sie stoßen kleine Bildungspro-

Aus der Weltwissen-Vitrine an den Familientisch

jekte in Küche und Wohnzimmer an. In einigen deutschen Kommunen haben Jugendämter oder multikulturelle Dezernate »Stadtteilmütter« dafür angestellt. Auch sie berichten nach ihren Familienbesuchen von hohen Bildungserwartungen aller Eltern für ihre Kinder.[62]

Aber die Erwartungen sind allzu oft ausschließlich gerichtet auf die öffentlichen Institutionen, den Kindergarten, die Schule. Die Eltern wissen nicht, wie wichtig ihr eigener Beitrag ist. Ihre Bildungserwartungen schweben zu hoch über dem Alltag. Zu hoch über den Dingen daheim.

Pipette: Spannung und Entspannung im Wasserglas

Einmal erlernt, wie man durch leichten Druck auf eine weiche Gummimasse eine Flüssigkeit in einem Glasröhrchen ansaugen kann – sie »anheben«, transportieren, in einem anderen Gefäß wieder loslassen –, wird lebenslang dieser Ruf von Pipetten ausgehen: Nimm mich zwischen die Finger, lass uns zusammenarbeiten, wir holen etwas heraus!

Eine der vielen Überraschungen bei den in Mode gekommenen Forscheraktivitäten in Kindergärten ist es, wie geschickt schon sehr junge Kinder mit Pipetten umgehen. Als gäbe es eine besondere Affinität zwischen ihren kleinen Fingern, die ja von früh an den Pinzettengriff geübt haben, und diesem Gummibällchen auf einer Glasröhre. Flüssigkeiten aller Art sind Elixiere für Kinder. Und das zarte dosierte Kneifen in eine Gummimasse zeigt Wirkung! Man kann auf diese Weise »portionieren«, »dosieren«! Diesem Befehl folgt die Flüssigkeit. Ich kann sie von einem Behälter in einen anderen verlagern! Man muss das Ding dabei senkrecht halten, oder zumindest steil, das haben auch die jüngeren Kinder schnell heraus. Je nach Stärke des Drucks auf das weiche Gummi wird es tropfen oder spritzen. Und wie appetitlich sieht das aus, wenn sich aus der feinen Spitze des Röhrchens die Tropfen lösen, ein Werden, Wachsen, Ablösen und Fallen, man möchte unwillkürlich mitzählen, rhythmisch mitzählen. Wenn das nicht *Funktionslust* ist. Von solcher Lust kann man lange nicht genug bekommen. Das heißt, bei dieser Übung können Kinder sehr ausdauernd sein. Auch bei den Erwachsenen appelliert das Ding an elementare Funktionslust. Das feine Teil, anmutig wie sein Name, Pipette.

Beim Forschernachmittag im Kindergarten drängen sich Mütter und Kinder aus aller Welt um Pipetten und Wassergläser. Mit Strohhalmen, zeigen die Erzieherinnen, lässt sich genauso arbeiten. Auf gleicher Augenhöhe mit den Kindern, ganz von selbst, auf ein Drittes gerichtet, das erfordert ja die Blickrichtung zu den Pipetten und zu den Gefäßen.

Die Mütter erkennen solche Dinge und die Handgriffe wieder, aus der Blutabnahme im Labor. So kinderleicht ist das also? Und wenn die Vierjährige sich jetzt schon so geschickt anstellt, könnte man sie sich doch später auch an so einem Arbeitsplatz vorstellen? Helle, saubere, ruhige Räume sieht die Mutter vor sich, und darin ihre Tochter in der Mitte von vielen angesehenen Menschen.

Daheim sind Mutter und die drei Kinder mit einem kleinen Satz von Pipetten und Strohhalmen um den Couchtisch versammelt. Da löst sich auch der Vater aus dem Sessel vor dem Fernseher und setzt sich dazu, die Forscherfamilie Kopf an Kopf ist vollständig. Über dem Glas wölbt sich bereits die Oberfläche des Wassers. Noch ein Tropfen? Aus einer von fünf Pipetten, aus welcher, spielt keine Rolle. Die Oberfläche hält, aber sie zittert vor Anspannung. Und noch drei weitere Tropfen, einen nach dem anderen verkraftet die Wassermenge unter Anspannung ihrer Kräfte! Wie es kämpft um Zusammenhalt, das Wasser im Glas, alle fühlen mit, als sei es ein sechstes Familienmitglied. Ein weiterer Tropfen – das war zu viel. Das hat ihr Wasserglas überfordert. Wasser rinnt an den

Seiten des Glases herab, und bei allen fünf löst sich der ange-
haltene Atem.

Wunderkammer des Alltags.

Essstäbchen: Kinder bilden ihre Eltern
Zu den »Kontinentenkisten«, die durch die Münchner Kindergärten wandern, gehört auch eine Asien-Kiste. Heute sind
Teeschalen und Essstäbchen an der Reihe. Die Kinder sitzen
auf Kissen an niedrigen Tischen. Die Teeschalen ruhen auf der
Handfläche, dann führt man sie zum Mund. Dazu muss man
eine symmetrische Bewegung beider Arme und Hände ausführen können, ohne Zuhilfenahme der Augen. Die Essstäbchen soll man möglichst am hinteren Ende fassen, dann kann
man auch gebratene Nudeln aufnehmen. Konzentration und
Ehrgeiz holen aus den Fünfjährigen geschickte und anmutige
Gesten hervor. Dann ist auch das Ohr offen für die Weisheit
von Glückskeksen. Die Erzieherin liest vor:

»›Man liebt dich, weil du ein gutes Herz hast.‹ – Das passt
doch zu dir, Lea! ›Wenn zwei sich streiten, haben beide unrecht.‹ – Simon, wenn du mit deinem Bruder streitest, hat keiner recht! Wollt ihr mal die Essstäbchen mit nach Hause nehmen? Zeigt euren Eltern, wie die Chinesen essen!«

Abendessen in einer türkischen Familie. Die Zwillinge Er-
gül und Murat haben für jeden Stäbchen mitgebracht, auch
für die Großeltern.

Jetzt sollen also die Fünfjährigen in die Lehrerrolle schlüpfen. Verlegen nesteln sie mit ihren Stäbchen und legen mit
ihnen geometrische Formen auf die Tischplatte. Aber als das
Essen aufgetragen wird, kommen die beiden in Gang. Sie
überbieten sich mit souveränen Demonstrationen der Technik
des Mit-Stäbchen-Essens. Vater und Mutter sind jetzt Anfän-
ger. Der Vater mag es nicht lange bleiben. Rasch ist der Vor-
sprung seiner Söhne eingeholt, und er bewegt seine Stäbchen

tadellos. Mutters Beitrag zum Familienbildungsprojekt ist es, sich ungeschickter zu stellen, als sie tatsächlich ist. Heillos gleiten ihr die Stäbchen übereinander. Die Söhne wetteifern mit ritterlichem Rat, rücken ihr eng auf den Leib, reden beide gleichzeitig, und eindringlich führen sie ihrer Mutter von allen Seiten Stäbchen zum Mund. »Aber ich will doch selber essen ...«, bringt die Mutter hervor, hilfloser als nötig. Alle lachen. Irgendwann gelingt es ihr. Ein dankbarer Blick zu zwei starken Söhnen. Die Söhne genießen den Flirt und applaudieren.

Eine türkische Familie hat sich in zehn Minuten angeschlossen an eine fünftausend Jahre alte Kulturtechnik. (Unsere europäischen Essgeräte, das Ensemble Messer-Gabel-Löffel, sind dagegen kaum älter als zweihundertfünfzig Jahre.)

Eine Bildungsreise im Wohnzimmer. Weniger wichtig als ihr Inhalt war es, zusammen etwas Neues auszuprobieren, zusammen über Fehler zu lachen und etwas gemeinsam zu üben.

Und weil wir schon bei Stäbchen sind: Wir hatten auch welche als Gastgeschenk mitgebracht, ein Mikado-Spiel. Nun kommen auch die Großeltern dazu, es wird laut und sehr fröhlich. Es ist Spiel, und doch mehr als bloße Unterhaltung, das geben die Erwachsenen zu erkennen. Als die Punkte auf den Mikado-Stäbchen zusammengezählt werden, ruft die Mutter die Söhne zum Rechnen in türkischer Sprache auf. Und die Großeltern – beide arbeiten ihr halbes Leben lang in München, aber noch immer sprechen sie nur ein paar Worte Deutsch –, auch sie überwinden sich und zählen ihre Punkte laut in deutscher Sprache zusammen. Zweisprachigkeit, wissen alle, soll im Alltag geübt werden. Das hören sie immer wieder auf Elternabenden, und dem Rat der Erzieherinnen vertrauen sie. Dem Vergnügen nimmt das nichts, im Gegenteil. Alle wissen, hier und jetzt wird auch gelernt. Wir spielen den

Kindern zuliebe, aber nicht nur zu ihrer Zerstreuung. Wir tragen bei, was wir können, damit unsere Zwillinge erreichen, was wir ihnen wünschen und was wir ihnen zutrauen: Bildungserfolg.

Irgendwann hatten wir den Fernseher im Hintergrund ausgeschaltet. Der Ton hatte unseren Filmton gestört. Niemand scheint es gemerkt zu haben. Niemand hat das Fernsehen vermisst.

Die Wäscheklammer: Ungelöste Fragen des Universums

Wir mögen sie gern. Das ist doch mal ein nützliches, sympathisches Ding. Fasst sich gut an, unverwechselbar in der Form, ist, was sie ist, nicht mehr zu optimieren. Aus Holz gefällt sie meist am besten.

Anders als das Waschbrett, das durch die Waschmaschine verdrängt wurde, hat sich die Wäscheklammer gegenüber dem Wäschetrockner behauptet. Das Ding ist offensichtlich gut im Überleben. Um sich allerdings an den Klammerbeutel zu erinnern, gar noch an den bestickten, und an das holpernde Geräusch der Klammern darin, muss man heute hochbetagt sein.

Was tun Kinder damit: Babys kann man Wäscheklammern ohne Sorge überlassen. Sie lutschen, kauen, werfen damit. Später werden Kinder heldenhaft ihren Finger einzwicken, ein wohliger Schmerz, bis zur Grenze, wo ist meine Schmerzgrenze und wo ist deine? An der gezwickten Stelle sieht die Fingerkuppe heller aus, warum? Ernsthaft verletzen kann man sich mit dem Ding kaum. In Kindergärten sind sie beliebte Bastelmodule. Man kann Muster legen, Krokodile und Schlangen bauen, mit Klammern aus Holz und Plastik. Man kann die Klammern mit Druckerschwärze oder Farbe überrollen und mit ihnen drucken. Dann weitermalen mit dem Motiv – Männchen, Bäume ... Erwachsene erinnern sich, dass sie als

Grundschüler die Klammern auseinandergenommen und zu Pistolen, »Kanonen« umgebaut haben, sogar brennende Streichhölzer konnten die Geschicktesten damit abschießen.

Bei den Erwachsenen löst das Ding Bilder aus von Sonne, Wind und duftend frischer Wäsche. Aber nachgefragt: Was eigentlich lässt eine Wäscheklammer funktionieren?

Da kommt Zögern auf. »Durch den Druck auf zwei Hebelarme.« Aber warum schnellen sie zurück? »Da ist eine Spirale, eine Feder.« Aber warum springt die Feder in ihre Ausgangsposition zurück?

Der pensionierte Großonkel Physiklehrer wird gefragt. »Ein Ordnungssystem. Das ist durch äußere Krafteinwirkung in Unordnung geraten. Die Moleküle suchen ihre alte Ordnung.« Und er fügt abschließend hinzu: »Nach dem Wiederherstellungsprinzip.«

So sprach die Fachautorität. Aber was weiß man jetzt besser?

Warum springen die Arme nicht mehr zurück, wenn man die Spirale verbiegt? Was ist das genau, »verbiegen«? Was weiß das Material in seinem Inneren vom Winkel, von der rechten Bahn der Krafteinwirkung? Kann man eine verbogene Büroklammer jemals wieder zu einer perfekt funktionierenden zurückbiegen?

Das Prinzip »Feder«: Da wäre es doch schön, wenn man als Kind etwas mehr davon erkundet hätte. Mehr als nur den Bescheid »Das ist eine Feder«. Sondern wenn es, im Geist von Martin Wagenschein, ruhiges, nicht gedrängeltes, nicht angetriebenes Nachdenken gegeben hätte. Rätselhaft: Was ist Spannkraft? Was hat alles Spannkraft: eine Feder, ein Gummiband. Das muss im Material begründet sein ...

Ein anderer Physiker wird besucht, Marek Gazdzicki, ein prominenter polnischer Kernphysiker. Noch einmal die Frage: Wenn ich das Ding biegen kann, wenn es elastisch ist, was

Aus der Weltwissen-Vitrine an den Familientisch

bringt es dazu, in seine ursprüngliche Position zurückzu-kehren?

Der Physiker spricht langsam, tastend: »Ein Ding geht da-hin, wo am wenigsten von ihm gefordert wird. Wenn ich es auseinanderziehe oder zusammendrücke, verändere ich etwas in seinem Inneren. Wir Physiker sagen, ich verändere den Ab-stand der Atome – dieses Bild wird man wohl auch einführen müssen, wenn man mit Kindern darüber nachdenkt. Wenn ich die Energie, die ich von außen eingegeben habe, wieder loslasse, springen die Teilchen wieder in ihre Ursprungslage zurück.«

Jetzt kann man sich schon ein bisschen mehr vorstellen. Aber sehr viel weiter geht auch er nicht hinaus über die aka-demische Erklärung vom Oberstufenlehrer Physik.

Ein Kind möchte wohl weiter fragen. Warum will das Ding es bequem haben, warum will es zurück, dahin zurück, wo es hergekommen ist, in seine »Ausgangslage«?

»Wir wissen das nicht«, sagt der Physiker. »Die Frage WAR-UM wird von der Physik nicht beantwortet. Zwei Mal, drei Mal kann ich deine Fragen auf etwas anderes, Einfacheres zurück-führen. Aber dann sind wir am Ende. Dann muss ich sagen: Die Natur ist so. Oder Gott hat das so gemacht. Wir haben *Modelle*, wie die Welt funktioniert. Man darf sie nicht mit der Wirklichkeit verwechseln. Die Modelle beruhen auf unseren Annahmen. Auch der Physiker vergisst das gern. Aber man kann mit diesen Annahmen immerhin einiges erreichen. Vie-le Experimente haben bestätigt, dass man mit diesen Annah-men ein gutes Stück weiter kommt, im Erkennen und auch im Anwenden. Aber es bleibt die Tatsache: Auch wenn diese Ex-perimente bisher funktioniert haben, ist das kein eindeutiger Beweis. Es kann nicht garantieren, dass künftige Experimente ebenso funktionieren werden. Nur: Man muss ja leben, und unsere Annahmen haben uns in vielem das Leben, das vorläufige Verstehen, erleichtert. Man kann einfach nicht bei jeder Gelegenheit immer wieder alles von Grund auf infrage stellen.«

Wir denkfaul gewordenen Erwachsenen umgehen solche Fragen. Aber anstatt auf Wäscheklammern nur nostalgische Empfindungen zu projizieren oder mit ihnen dekorativ zu basteln, können wir mit diesem Ding auch einmal die ungelösten Fragen des Universums aufrufen.

Die Physik ist eine Baustelle. Es gibt riesige Bereiche des Nichtwissens. Die soll man Kindern nicht vorenthalten. Es wird sie nicht entmutigen. Im Gegenteil.

Stethoskop: Berührt von einem Ding

Für Kinder ist ein Stethoskop kein besonders überraschender Gegenstand. Sie kennen das Ding meist schon als Spielzeug aus Plastik. Als Spielzeug im Ärztekoffer teilt es ihnen mit: Du bist ein Kind, verhalte dich auch so. Spiele mit mir Als-ob: »Ich wäre der Arzt und du hättest Husten …«

Nun also eine drei Mal so große Ausgabe, sperriger, nicht bunt, »echt«. Das beeindruckt eher die Erwachsenen. Bei ihnen ruft das Ding den Respekt vor dem Arzt auf, und die Lust, einmal hinter die Kulissen zu schauen. Was wird man damit mit einem Kind erleben?

Eine Mutter probiert es mit ihren beiden Kindern im Garten. Die fünfjährige Tochter legt sich ins Gras, die Mutter gleitet mit dem Schalltrichter über den nackten Bauch. Kühl, kitzelt an der Haut. Dann übernimmt der dreijährige Bruder das Gerät und tastet mit dem Schalltrichter am Nabel vorbei »… kannst du etwas hören?« Er nickt folgsam – »es gluckert« –, aber rasch zieht er die Bügel mit den Stöpseln aus den Ohren. Nicht geheuer. Die Mutter schlägt vor, die ältere Schwester könnte einen Apfel essen, was würde man dann an ihrem Hals hören können? Dem Kleinen wird es zu dicht, zu viel »fühlst du …«, »was hörst du …« der Mutter, und zu viel körperliche Nähe zur älteren Schwester. Er macht sich mit dem Instrument auf eigene Wege. Bückt sich zu Boden, hält den Schalltrichter an Grashalme, an ein Schneckenhaus auf einem Blatt, legt das Schneckenhaus auf den Schalltrichter … Die Mutter lässt ihn tun, aber sie lässt nicht locker, was er erlebt, soll zur Sprache kommen. »Kann man etwas von der Schnecke hören?« Der Dreijährige kooperiert: »Ich hab gehört, sie hat das Blatt geesst«, erfindet er erregt. »Wirklich!«, ruft eine ungläubig begeisterte Mutter, und dann ist wieder die Tochter dran, ihren eigenen Herzschlag zu finden. Irgendwann wird es Mutter und Tochter zu umständlich mit dem kühlen Stethoskop und seinen Schläuchen, sie legen sich gegenseitig die Fingerspitzen an die Handgelenke und suchen den Pulsschlag auf dem direkten Weg. Für die Mutter vielleicht ein Echo aus vorgeburtlicher Zeit mit ihrer Tochter, die Herztöne damals aus dem Lautsprecher neben den Monitoren, Lebenszeichen des ungeborenen Lebens.

Die Mutter sagt später, sie habe diese kleine Bildungssituation wie ein Geschenk empfunden. Sie musste nichts inszenieren, das interessante Instrument habe wie von selbst die Intimität zwischen den dreien aufgerufen.

Ein anderes Mal will sie mit den Kindern das Ding anders untersuchen, seinen Bauplan zum Beispiel, und überlegen, wodurch die Geräusche verstärkt werden. Man könnte auch selbst ein Stethoskop bauen, mit Gummischlauch und Trichtern. Man könnte sich mit dem Stethoskop Aufgaben stellen: Lauft schnell die Treppe hoch, messt euren Pulsschlag vorher und nachher. Aufzeichnen! Daraus könnte eine erste Tabelle entstehen.

Aber an diesem Sommernachmittag im Garten hat das Ding auf einen anderen Weg geführt. »Das Stethoskop an eine Schnecke anlegen, auf die Idee wäre ich selbst nie gekommen!

Das Gras wachsen hören, das ist so eine poetische Redewendung. Ein Dreijähriger versteht das noch ganz wörtlich.«

Matrjoschka: Ein Ding, zwei Sprachen

Aus der Weltwissen-Vitrine haben Mutter und Tochter eine Matrjoschka, die russische Puppe-in-der-Puppe, mit nach Hause genommen. Sie haben sie daheim ein paar Mal auseinandergenommen und wieder zusammengesteckt. Und jetzt stehen sieben bunt lackierte kegelförmige Puppen in abnehmender Größe nebeneinander auf dem Couchtisch. War's das schon? Wie weiter?

»So eine Puppe hatte die Oma auch«, beginnt zaghaft die Tochter.

(Vielleicht hat sie sie deshalb ausgewählt. Die Dinge im Gebrauch der Großeltern haben für die Kinder besondere Bedeutung, und sie werden sehr genau erinnert, haben wir in unseren Recherchen zu den »bedeutenden Dingen« in den Haushalten immer wieder erfahren.)

»Aber sie hat sie verkauft.«

(Eine Puppe verkaufen. Was bekommt man dafür! Wie knapp muss das Geld in dieser Familie gewesen sein.)

»Die Puppe hat Oma aus Russland mitgebracht«, erinnert die Mutter.

Und zu uns:

»Meine Mutter kommt aus Kasachstan. Mein Vater – ich weiß nicht so genau, wo er geboren ist. Irgendwo in Asien. Zu Hause haben wir russisch gesprochen. Aber Chiara und ich sprechen nicht russisch. Nur ein russisches Lied können wir noch –« (singt) »Bruder Jakob ... Brat moj Jakob ...«

Die Tochter summt mit. Bei jeder dritten Silbe stimmt sie mit ein.

»Shpishli ti ... schläfst du noch ...«

Schläft ein Lied in allen Dingen.

Das tat gut. Falls die Mutter unsicher gewesen war, was sie mit diesem Ding aus der Vitrine zu Hause anstellen soll – Hausaufgabe? Etwas zum Vorzeigen in der Grundschule? –, ist dieser Druck jetzt weggesungen. Kinder mögen Lieder in zwei Sprachen. Eine Melodie, zwei Sprachen. Oder klingt doch die Melodie in einer anderen Sprache ein wenig anders? Sprache und Melodie gehören noch enger zusammen, wenn man sieben Jahre alt ist.

Und wie weiter mit dem Ding? Hat es uns sonst noch etwas zu sagen?

Die Tochter wendet die größte der sieben Puppen um. Siehe da: Auf der Unterseite gibt es einen kleinen Stempel. Von wem mag der stammen, vom Drechsler, dem Maler oder dem Exporteur? Ein Stempel in der Größe eines Daumennagels, aber deutlich zu erkennen sind eigenartige Zeichen. Buchstaben? Russische Buchstaben, hilft die Mutter. Schrift, hochinteressant! Die Tochter ist eine ehrgeizige Schülerin. Stift und Papier sind gleich zur Hand für die neue Schrift aus einer anderen Weltgegend. Abmalen, oder sollte man sagen: abschreiben?

»Das hier ist ein russisches T, und das, das aussieht wie ein verdrehtes A, ist ein russisches E …«

Gibt es vielleicht noch andere russische Schriftzeichen in unserer Wohnung? Nein – oder doch, im Lexikon müsste etwas darüber stehen. Ein Lexikon gibt es auf dem Regal, vielleicht wurde es schon für die Zukunft der Tochter gekauft. Jetzt muss nicht unter russischen Buchstaben geschaut werden, sondern genauer, unter kyrillischen. Hier, da haben wir's: kyrillische Buchstaben! Und die Tochter, in der Armbeuge der Mutter, so wie man nur daheim lesen kann, liest flüssig:

»Kyrillische Schrift, entwickelt aus der karolingischen Minuskel … in der ehemaligen U DE EsEs – was?«

»Das ist die Abkürzung für Sowjetunion.«

Die Tochter liest Silbe an Silbe weiter.

Das Ding aus der Wunderkammer hat eine spontane Reise in die verschüttete russische Familienvergangenheit ausgelöst. Bei der Mutter öffnen sich dabei Erinnerungsräume, in die sie die Tochter vielleicht nicht gern mitnehmen will. Ihre Familie hat viel überstanden, ist lebendig in Deutschland angekommen, das soll reichen. Und doch haben einige winzige Schriftzeichen auf dem Boden eines Spielzeugs etwas vom Wissen einer jahrhundertelangen Migrationsgeschichte in die Zwei-Zimmer-Wohnung gebracht.

Die Dinge sprechen in vielen Sprachen und mit vielen Stimmen, wenn man ihnen etwas zutraut und wenn man ihnen Zeit lässt.

Balkenwaage (1): Kinder übernehmen die Regie

Ob dieses sperrige Gerät für Kinder auf den ersten Blick attraktiv ist? Im Baumarkt gibt es so etwas nicht, und im Flur eines Kindergartens ist es ebenfalls ein ungewohnter Anblick. Aber die Erwachsenen spricht da etwas an. *Von alters her.* In vielen Familien gab es noch vor ein, zwei Generationen Händler und Bauern, die ihre Produkte damit gewogen haben.

»Komm, die nehmen wir mal mit.«

Nicht leicht zu tragen, das Gestell der Waage, die beiden Schalen und die Gewichte. Der Vater: »Was schleppt ihr denn da aus dem Kindergarten an?«

Ein aus der Bibliothek geliehenes Kinderbuch, das wäre wohl Mutters Aufgabe geblieben. Aber die Werkzeuge und Geräte aus der Vitrine sprechen auch die Väter an. In einer deutschen Familie in einem fränkischen Dorf: näher ans Ding heran! Da gibt es einen Hebelarm, der eigensinnig ist. Man kann ihn beeinflussen, aber man muss sich dabei oft wundern. Auf eine große Packung Tempotaschentücher reagiert er schwächer als auf eine kleine Tafel Schokolade.

Was hat das Kind bisher schon über Gewichte gelernt? Es hat sich seit seinen ersten Lebensmonaten ausdauernd damit beschäftigt, hat seine Erwartungen an Formen und Materialien und an Gewichte oft empirisch bestätigt oder revidiert. Es hat auf einem Baumstamm balanciert und mit ausgestreckten Armen die Balance, das »Gleich-Gewicht« verteidigt. Jetzt kommen solche Erfahrungen auf einen anderen Prüfstand. Es wird nicht mit dem Tastsinn und der Körperempfindung geprüft, sondern mit dem Auge an einem Messgerät.

Eine Balkenwaage kann stur sein. Mal plumpst die eine Schale jäh ab. Wenn man der anderen Schale etwas zukommen lässt, lässt die abgestürzte Schale mit sich reden, sie begibt sich langsam nach oben. Aber kurz bevor beide Schalen auf gleicher Höhe, in einer Ebene, liegen, im »Gleichgewicht«, ist es vorbei mit ihrem Aufstiegswillen. Schief bleibt der Arm mit seiner Waagschale hängen.

Der Vater erinnert sich an einige Grundregeln des Balkenwaagengebrauchs. »Geht vom größeren Gewicht zum kleineren, nehmt erst mal das Kilo!«, rät er den Brüdern. Und wenn man trotzdem nicht weiterkommt, wenn die beiden Zungen sich nicht in eine exakte Gegenüberstellung bringen lassen, weil die Gewichte nicht fein genug abgestuft sind? Dann, rät der Vater, muss man eben auf der Seite der Last eine Kleinigkeit verändern. Zum Beispiel einem der drei Brüder eine Erdbeere in den Mund stecken aus der Schale, die die Mutter mit den ersten Erdbeeren aus dem Garten gefüllt hat. Aha, jetzt schweben die Schalen in feinem Gleichgewicht.

Fünf Menschen um einen Tisch, das ist ein bisschen ein Team, es ist aber auch Tumult, gleichzeitiges Reden und Besserwisserei. Die Beobachtungen und die Kommentare reiben sich, und dann blitzt eine neue Idee auf: »Adrian und ich können unsere Köpfe wiegen! Wer den schwereren Kopf hat!« Keine abwegige Idee von Zwillingen, die ohnehin ständig ihre

Kräfte messen. Vermuten sie insgeheim, dass Gehirnmasse und Intelligenz korrelieren? Jeder legt den Kopf auf eine Waagschale, aber – »zwistiglich vereint« (Franz Werfel) – dosieren sie dann doch ihr Gewicht so, dass nicht einer als der Sieger mit dem schwereren Kopf hervorgehen wird. Sie möchten es dem Ding recht machen, sie möchten die Balkenwaage in perfektes Gleichgewicht bringen, beide Schalen, beide Köpfe auf gleicher Höhe. Wir sind Zwillinge, zeigen sie dem Rest der Familie, und heute sind wir Artisten an einem Geschicklichkeitsgerät. Unser Ziel ist Gleichgewicht. Wir passen zusammen!

Längst ist die Regie für die Balkenwaage-Forschung auf die Kinder übergegangen. Die Eltern nehmen sich zurück und lassen dem Experiment die Richtung, die die Kinder einschlagen. Die Mutter erzählt später, wie sie gestaunt hat über die plötzliche Gesprächigkeit und die pädagogische Energie des Vaters, der sonst die Bildung eher als ein Geschäft von Frauen betrachtet.

Und der Vater war beeindruckt von der Filmszene, die ihm später die Initiative seiner Söhne wieder vor Augen führte. Der Film, das Aufzeichnen, hat dem flüchtigen Bildungserlebnis ein anderes Gewicht gegeben.

Mit den »Elternhaus-Aufgaben« sollte deshalb auch die Anregung verbunden werden, möglichst etwas von dem, was daheim erlebt oder herausgefunden wurde, aufzuzeichnen, in Schrift oder im Bild, als Dokument fürs Portfolio des Kindes.

Für die Wunderkammer seiner Erinnerung.

Balkenwaage (2): Im anatolischen Dorf und
in der Wissensgesellschaft

Die gleiche Balkenwaage einige Tage später auf dem Tisch einer kurdischen Familie. Wie die Mutter die Schalen mit Obst und Gemüse aus der Küche hereinträgt! Das ist kein Hinstellen, es ist ein Auftragen, festlich, üppig. So großzügig haben die holländischen und spanischen Maler der Stillleben im 17. Jahrhundert den Überfluss gemalt. In vielen Familien mit Migrationsgeschichte haben wir es gesehen: viel Obst und Gemüse in den Küchen. Großzügig vorhanden, ähnlich wie die Großeltern oder heute noch die Verwandten daheim das Angebot auf den Marktständen auslegen. Wie ängstlich die Deutschen die Früchte von Feld und Baum behandeln, müssen sie sich denken. Zwölf Mini-Tomaten aufgereiht auf einer Schnur! Zwei Zwiebeln kaufen sie, ein halbes Kilo Tomaten, eine einzige Zitrone!

In vielen Familien gibt es noch Erinnerungen an die Feldarbeit. Wie man sich bücken musste, wie man ständig Wasser beischaffen musste, aber wie einem die Früchte des Feldes dann auch entgegenwuchsen. Und am Markttag fährt man mit einer vollen Ladefläche los. Aufbruch im Dunkeln, eine holperige Fahrt, das Kind sitzt zwischen den schweigenden Erwachsenen. Den Marktstand im Morgengrauen aufbauen, der Hund läuft vor die Füße, die Tüten aus dünnem Plastik rascheln im Morgenwind, dazwischen Wasserflaschen, Dampf aus einem Teeglas, es ist hell geworden, der Großvater spricht mit den Nachbarn am Stand und mit vorbeiziehenden Käufern und ihren Enkeln, die Großmutter räumt derweil unablässig, schichtet um, stapelt Zeitungspapier fürs Verpacken, ein Hund wird mit dem Handrücken weggewedelt, dem Kleinen wird eine Münze in die Hand gedrückt, wieder Tee holen, dazwischen die Hände vom Großvater mit den Gewichten, nur die besten Früchte kommen in die Schale und in die Tüten, keine Frucht in der Waagschale sieht genauso aus wie die andere, die Schatulle aus Blech füllt sich mit Münzen und angerissenen Scheinen, das Zeitungspapier geht zu Ende, seine Großmutter mag diese Tage, sie sieht glücklich aus.

Und nun eine solche Balkenwaage im Wohnzimmer in

Deutschland, dieses Ding aus der Weltwissen-Vitrine auf der Politur des Couchtischs. Es steht im Mittelpunkt, ebenso wie die siebenjährige Tochter, das Schulkind. Ein Schulkind, meint der Vater, muss nicht das Abwiegen lernen, sondern das richtige Antworten. Nicht das Verkaufen, sondern das Rechnen.

Ein herrlicher Granatapfel rollt in eine Waagschale. »Welche Gewichte musst du jetzt probieren? Hundert Gramm – zu viel? Nimm dreißig Gramm weg, wie viel macht hundert minus dreißig? Hundert minus dreißig, das macht, du weißt –?«

Die Tochter möchte es gern richtig machen für den Vater. Sein Herz schlägt nur für sie. Aber so wird in ihrer Schule nicht gerechnet. Und nicht so abgefragt, nicht so heftig. Ihre Hand verkrampft sich um das Gewicht.

Der Vater zu uns:

»Im Dorf von meinem Vater gab es keine Schule. Aber er war ein guter Vater. Nie geschlagen, fast nie! Ich sage zu meiner Tochter: Wenn du gut lernst, fleißig lernst, wirst du später guten Arbeitsplatz haben. Nicht so wie ich, schmutzig, ungesund …!«

Das ist viel für eine Siebenjährige, viel Erwartung, viel Verantwortung. Vielleicht war die Kinderarbeit des Vaters auf dem Feld und auf dem Markt nicht belastender als diese hohen Bildungserwartungen. Die kurdischen Eltern, eine Minderheit schon im Herkunftsland, haben durch Generationen immer wieder erfahren, dass sie trotz ihrem Fleiß nicht weiterkamen. In Deutschland scheint dieser doppelte Widerstand weggefallen zu sein. Und doch teilt sich einem Kind das schwere Leben der Elterngeneration mit. Der Vater spricht, wenn er deutsch spricht, sehr laut. Die Tochter blickt zu Boden. Die Mutter flicht zwischendurch leise Sätze ein, auf Kurdisch, um Entspannung bemüht. Aber was kann eine Mutter tun, drei Schritte hinter einem Vater, der sich selbst viel abverlangt und nur das Beste für seine Kinder will?

Die jüngere Tochter, so jung ist sie nicht mehr, vier Jahre alt, ist noch ganz ungebildet, anders als gleichaltrige deutsche Kinder. Sie patscht dazwischen, ihr Interesse an der Waage wird nicht erkannt, nicht ernst genommen, sie ist ja erst vier Jahre alt, ein Kätzchen! Alle Blicke sind gerichtet auf das Schulkind an einer Balkenwaage. Eine besonders glückliche Erinnerung mag das für die Tochter nicht werden.

Wohler wird es der Tochter, als es auf vertrautes Terrain geht: Lesen! Neben dem Vater, in seiner Armbeuge. Einen Satz sie, einen Satz er. »Ich lerne auch selbst mit meiner Tochter. So machen wir immer Hausaufgaben zusammen.«

Ein kurdischer Vater, alphabetisiert in der ersten Generation, liest mit seiner Tochter gemeinsam in einem deutschen Kinderbuch, das die Tochter aus der Schulbibliothek mitgebracht hat. Es gibt das in Deutschland, Erziehungshilfen, öffentliche »niederschwellige« Familienbildungsangebote, Integrationsprojekte.

Aber es gibt auch die Bildungsstatistik über Schulabgänger mit Migrationshintergrund. Und man hält den Atem an. Wo werden diese beiden Mädchen in dieser Statistik in zehn Jahren erscheinen?

Der Dübel: Väter als Pädagogen

Vielleicht ist der Dübel nicht wirklich in Baden-Württemberg erfunden worden, von Artur Fischer aus Tumlingen, einem vielfachen Ehrendoktor ohne Abitur, der viele Tausend Patente angemeldet hat. Sondern streng genommen wohl nur der Dübel in seiner heute verbreiteten Form. Dieser baden-württembergische Dübel ist allerdings weltweit präsent, zum Beispiel in China.

In der Weltwissen-Vitrine wird er nicht fehlen. Schönes Wort, »Dübel«, es passt zweisilbig in die Familie der Handwerkzeuge, zu Hammer, Bohrer, Feile, Nagel. Und der bohrende Anfangsbuchstabe D – drehen, dübeln, durchdringen. Einen Ehrenplatz kann der Dübel erhalten auch wegen der Lebenserinnerungen von Artur Fischer. Als kleiner Junge hat er, der Sohn eines Schneiders, in den 1950er Jahren ein Wasserrad am Bach gebaut. Die Mutter, erzählt er, hat ihn am Ufer an den Füßen festgehalten, als er es ausprobierte. Und es lief! »Mama, ich will Erfinder werden«, hat er gerufen. Als Kind das Rad neu erfinden, die Mutter im Rücken, die ihn hält, verdübelt ... diese Szene haben wir mit Artur Fischer vor zehn Jahren am Bach in Tumlingen nachgespielt, und sie gab dem ersten Film unserer Reihe *Wissen und Bindung* den Titel: *Das Rad erfinden.*

Wie könnte man den Dübel ebenso neu erfinden wie das Rad? Das unscheinbare Ding aus Plastik – solche Kraft entfaltet das im Zusammenwirken mit einer Schraube? Biegsam, und zeigt dennoch zähen Widerstand? Kann dehnbares Material, sich sperrig aufspreizend, Stabilität verstärken?

Eine Familie in einem fränkischen Dorf hat sich den Dübel als Elternhaus-Aufgabe vorgenommen.

Auf einem Tisch im Garten sind einige Hundert graue Dübel in unterschiedlicher Größe ausgeschüttet. Ein Geröllfeld. Das teilte auf den ersten Blick mit: Diese Dinger sind spottbillig, wie Sand am Meer.

Der Vater stieg ein als der Erwachsene, der den Dübel schon lange kennt. Zur sechsjährigen Tochter und ihrem Freund aus dem Kindergarten:

»Wisst ihr, wie diese Teile heißen?«

Das Gastkind: »Stöpferle.«

»Stöpferle? Nein, das sind Dü-bel.«

So wie der Vater schon lange lesen kann oder den Rückwärtsgang einlegen kann, so präsentierte er nun den Kindern, den Anfängern, was ein Dübel kann.

Bald schien der Dübel die Regie zu übernehmen, als wüss-

Aus der Weltwissen-Vitrine an den Familientisch

te das Ding selbst am besten, wie es geht. Der Vater wurde vom
Sog des Funktionierens mitgerissen. »Papa, darf ich mal?«
»Papa, darf ich auch mal?« – die Interventionen der sechsjährigen Tochter schienen den Gang der Bohrmaschine und
des Dübels nur zu verlangsamen. Etwas durchziehen! So hatte der Vater es selbst ja irgendwann gelernt.

Das Gastkind, der sechsjährige Freund, war fasziniert vom
Abriebstaub, den der Bohrer erzeugte. Er fühlte sich so zart an
den Fingerspitzen an, wenn man eine Linie zeichnete. Mit dieser Bemerkung war er auf verlorenem Posten. Das gehört jetzt
nicht hierher. Er eigentlich auch nicht? So verhielt er sich
dann. Sein kurzer Widerstand, kurze Präsenz durch Kaspern,
hatte keine Chance gegen die Übermacht des Dübels. Er ver-
abschiedete sich innerlich und wurde zu einer Randfigur.

Bei diesem Triumphzug des Dübels wurde es mir unbehaglich. Warum griff die Mutter nicht ein, warum bremste sie
nicht das Tempo, warum verstärkte sie nicht die Fragen ihrer
Tochter, warum unterstützte sie nicht das Gastkind? Dass die
Kinder nicht recht zum Zuge kamen, empfand sie wohl auch,
aber sah sie darin keine Zurücksetzung? Sie ließ Vater und Dübel walten. Weil Männer halt so sind, »ihr Ding« durchziehen?

Aber möglicherweise imponierten ihr auch, ebenso wie uns
Besuchern und den Kindern, die gekonnt zügigen Handgriffe
eines guten Heimwerkers, die treffsichere Bohrmaschine, die
Dynamik des Ganzen. Wir waren zwar Zuschauer geworden,
aber wir waren deshalb nicht »nur Publikum«. Tochter und
Mutter sahen einen starken Vater, sahen männliche Kompe-
tenz und entschiedene, sachgerechte Handgriffe. Auch in
Haus und Garten hat dieser Vater für die Kinder schon viel
aufgestellt, Schaukel und Rutsche sind ihm zu verdanken.

Wie selten ist solche männliche Präsenz im Leben von Kindern. Bis weit in die Grundschule hinein sind ausschließlich
Frauen die Gestalterinnen ihres Lernens. Dabei hat sich ein

Stil durchgesetzt, den die Elementarpädagoginnen häufig nur noch als den allein selig machenden gelten lassen. Es soll einzig und allein auf die *Selbstwirksamkeit* des Kindes geachtet werden. Vor allem anderen muss immer die Eigeninitiative des Kindes stehen: »Der Weg ist wichtiger als das Ziel ...«

Wenn dieser weibliche Stil dogmatisch zum einzig akzeptablen erklärt wird, muss man sich nicht wundern, dass die Männer einen Bogen um den Erzieherberuf machen. Und auch nicht, dass die Jungen, das neue »schwache Geschlecht«, im Kindergarten benachteiligt werden.

In vielen Familien trafen wir auf Väter, die sich spontan von den Geräten und Handwerkszeugen der Weltwissen-Vitrinen ansprechen ließen. Sie hatten Lust, den Kindern zu demonstrieren, »wie's geht«. Dabei können die Dinge reduziert werden auf nur eine einzige richtige Funktion. Geradeaus schauen, auf ein Werkstück, »Stein auf Stein, Stein auf Stein, das Haus, das wird bald fertig sein«, das war eine adäquate Arbeitshaltung in der Industriegesellschaft.

In der Wissensgesellschaft sollten die »Elternhaus-Aufgaben« eher auf die moderne pädagogische Kunst abzielen, »wie man einem Kind zum Dübeln verhilft«. Und dabei dem Kind vermitteln, »wie ihm das Dübeln gezeigt wurde«. Damit es beginnt zu verstehen, wie Wissen überhaupt entsteht, was ein Team bei der Wissensproduktion braucht und wie man Wissen kommunizieren kann. Dieses Ergebnis ist dann vielleicht nachhaltiger als ein fachgerecht platzierter Dübel. Und es lässt den Kindern mehr Spielraum für Umwege und fürs »Zweckentfremden«.

Das Mehr in den Dingen: Beim Umfunktionieren, beim Zweckentfremden sind bekanntlich viele Erfindungen entstanden.

Die Stimmgabel: Auf meinen Ton kannst du dich verlassen

»Gibt mir jemand bitte meine Gabel zum Stimmen?«, fragt die Musikdozentin Susanne Herrmann in die Kindergartengruppe. Ein Junge zieht nach kurzem Zögern die Stimmgabel aus seiner Hosentasche. Faszinierend, dieses Gerät. Wenn die Stimmgabel auf dem Klavierhocker liegt, löst sich manchmal ein Kind aus der Gruppe und berührt sie, wendet sie hin und her. Oder steckt das Ding auch einmal ein.

Warum »Gabel«? Das Ding hat zwei Zinken. Nicht zum Aufheben oder Aufspießen von Essbarem gedacht. Stimm-Gabel, da soll etwas stimmen. Die Stimme?

Manchmal gibt das Ding einen Ton von sich, manchmal keinen. Wie muss man sie anschlagen, wo anschlagen, und wo aufsetzen, und kann man den Ton mit dem eigenen Finger unterbrechen? Viel zu horchen und zu tasten.

Eines Tages hatte Susanne Herrmann ihre Stimmgabel zu Hause verlegt. Die Kinder wurden hellwach. »Wo hast du sie verloren? Du könntest sie da suchen.« – »Ich habe ganz viel Geld gespart, da kaufe ich dir eine neue.« – »Mein Papa hat eine Werkbank. Der kann dir eine machen.« Und beim Abholen: »Mama, die Frau Herrmann hat ihre Stimmgabel verloren und musste heute die Töne für unsere Lieder am Xylofon holen.« Aber zum Glück hatte ein Junge seine eigene Stimmgabel dabei und konnte ihr assistieren. Den Ton angeben!

Nicht nur hören, horchen, man kann selbst die Vibration unterbrechen, mit dem Finger den Ton verstummen lassen. Auch am Becken hat man das schon so erfahren. Und dann in die Stille hineinlauschen, die anders klingt als Tonlosigkeit. Selbst etwas berühren kann wieder einmal Entscheidendes bewirken. Und wenn man ein Klebeband um einen Zinken der Gabel wickelt, was dann?

Die Stimmgabel »aufsetzen« nennt man es, am Ohr, oder auf der gewölbten Hand über dem Ohr und dann auf die Mittelhand, dann wird man noch stärker vom Ton durchströmt. Was klingt da, die Gabel oder ich selbst? An der Wange funktioniert es nicht so gut. Auf dem Kopf! An der Stirn! Auf dem Knie! Und, raffinierte Stelle, wer findet den Musikantenknochen am Ellenbogen! Dann in den Raum hinein, an der Türklinke, der Heizung, am Tisch, an der Stuhllehne, auf dem Klavier!

Wer will sie bis nächste Woche mit nach Hause nehmen? Und das Wohnzimmer aushorchen? Mit dem Magneten aus der Vitrine hatte man das auch schon mal gemacht: Wo wurde er von welchem Ding im Wohnzimmer angezogen? Jetzt werden daheim wieder andere Dinge aufgerufen. Und man kann den Eltern, der Schwester etwas zeigen: Haltet mal eure Hand rund übers Ohr. Der Sechsjährige schlägt die Stimmgabel an und setzt sie auf die Mittelhand des Vaters auf: »Na? Und?«

Nicht jede Familie muss eine eigene Stimmgabel besitzen. Aber sie sollte einmal zu Besuch gekommen sein. Manche Kinder haben sich danach eine eigene gewünscht.

Man kann morgens beim Wecken als Erstes der Stimmgabel zuhören, einmal, zweimal.

Man kann sie bei Tisch mit decken. Wenn alle durcheinanderreden: die Stimmgabel aufsetzen: »Hört mal zu! Ich bin dran.«

Sie kann im Puppenhaus die Klingel sein: Besuch!

Vor dem Vorlesen, ein Ritual zum Einstimmen aufs Hören, und dann noch einmal danach, das Gelesene klingt nach. *Stimmgabel-Meditation!*

Das Ding zu zeichnen ist nicht kompliziert. Aber warum lässt das Anschlagen, Klopfen, die Erschütterung, einen Ton entstehen? Dass etwas vibriert, kann man an der Fingerspitze fühlen, wie auch die Vibration am Kehlkopf oder in den Lippen, wenn sie beim Sprechen oder Summen vom Atem bewegt werden. Ton hat mit Luft zu tun. Viel mehr an Physik muss nicht zur Sprache kommen. Aber im Kind wird beim Beobachten und Vergleichen von zwei ähnlichen Phänomenen an verschiedenem Ort etwas gestärkt, das amerikanische Pädagogen den *sense of knowability* nennen: Man kann Ähnlichkeiten zwischen Phänomenen erkennen, und eines Tages »wird man wissen«.

Man kann das Kind auch fragen: Wie würdest du einem anderen Menschen, der das Ding noch nie gesehen und gehört hat, beschreiben, was es tut?

Und zeichnen, welche Dinge im Wohnzimmer mit der Stimmgabel so zusammenarbeiten, als würden sie einander gut verstehen. Und zwei solche »Resonanz-Körper« im Bad finden. Und zwei in der Küche. Und auch diese Dinge zeichnen fürs Portfolio.

Ältere Kinder sind fasziniert von der präzisen Wiederholbarkeit. Ein Cellist: »Als Kind fand ich es unglaublich, dass die Gabel pro Sekunde immer genau vierhundertvierzig Mal schwingt, und habe versucht, die Schwingung zu sehen und zu zählen.«

Die Stimmgabel sagt: Ich kann nur einen einzigen Ton abgeben. Aber auf den kannst du dich verlassen. Auf die Naturkräfte in mir. Auf die Technologie in mir. Auf das Handwerk in mir. Wenn du mich zeigen lässt, was in mir steckt.

Rund um die Weltwissen-Vitrine: Elternhaus-Aufgaben

In japanischen Kinderkrippen wurde noch vor nicht allzu langer Zeit von den Müttern erwartet, dass sie jeden Morgen fünfzehn gebügelte Stoffwindeln für ihr Kind mitbrachten. Eine französische Mutter erzählte es mir empört, sie empfand es als Schikane. Sollte Müttern wie ihr dadurch mitgeteilt werden, dass sie sich mit ihrer Berufstätigkeit gegen das Ideal der *ryōsei kenbō*, der »guten Hausfrau und Mutter« entschieden hatte? (Ein bürgerliches Ideal, in Japan im 19. Jahrhundert in den Oberschichten entstanden und erst nach dem Zweiten Weltkrieg, als durch den rasanten ökonomischen Aufstieg Japans die Alleinverdiener-Ehe zur Regel geworden war, zur idealen Familienform propagiert.)

Auf meine Nachfrage erklärte die Leiterin sanft, diese täglich wiederholte Übung würde die Mutter innerlich mit dem Ort verbinden, an dem ihre Tochter acht Stunden des Tages verbrachte. »Krippe und Elternhaus sind wie die zwei Räder eines Fahrrads. Nur wenn beide rollen, kann das Fahrrad fahren.« Durch diese Pflicht würde in allen Elternhäusern auf die gleiche Weise an fünfzehn Dingen für alle sichtbar eine halbe Stunde lang das Wohlbefinden des Kindes in den Mittelpunkt gerückt. Die französische Mutter empörte diese Auskunft erst recht. Diese Einmischung in ihr Familienleben! Da würde sie doch lieber, anstatt stupide eine halbe Stunde lang Windeln zu bügeln, in ihrer wenigen Zeit mit ihrer Tochter gemeinsam etwas Sinnvolles unternehmen. Was denn zum Beispiel? Was weiß ich, etwas basteln, ein Puzzle legen, ein Buch anschauen … sie wurde etwas vage. Man konnte ahnen, dass vielleicht nicht jeden Tag »eine halbe Stunde *quality time*« zustande kommen würde. Vor allem, das wurde deutlich, will eine westliche Mutter über ihre Zeit daheim allein bestimmen.

Erzieherinnen in Deutschland haben zunächst Bedenken, den Familien »Hausaufgaben« zuzumuten. Und Eltern in deutschen Kindergärten wollen sich nicht in die Pflicht nehmen lassen für einen Arbeitsauftrag, den sie alle mit dem gleichen Ergebnis ausführen sollen. Und doch hatte die japanische Krippenleiterin nicht unrecht. Man ist mit dem Tag seines Kindes anders verbunden, wenn man etwas handgreiflich dazu beigesteuert hat. Auf die Frage: »Wie war's heute im Kindergarten?« kommt ja von den Kindern wenig Inhaltliches. »Schön.« »Was habt ihr gemacht?« »Gespielt.«

Die ganze Welt ist eine Aufgabe. Und stellt sich in den Dingen immer wieder neu. Gute Aufgaben zu stellen ist eine Kunst. In Fortbildungen für Grundschullehrer ist dies oft ein Thema. *Elternhaus-Aufgaben* – nicht Eltern-Hausaufgaben! – zu stellen ist vom Kindergarten aus aber leichter als von der Schule; der Kindergarten hat mehr Alltag auf seiner Seite.

Von diesem Alltag ausgehend – den Tätigkeiten im Haushalt des Kindergartens, die ins Elternhaus verlängert werden –, kann der Kindergarten kleine Bildungsprojekte daheim anstiften.

- Ihr helft uns (der Küchenfrau), indem ihr diese Küchenhandtücher bügelt. Zwölf frisch gewaschene haben wir hier, wer mag drei oder vier nach Hause mitnehmen, schafft ihr das am Wochenende?
- Wir brauchen morgen für die Grüne Soße achtzehn hart gekochte Eier. Teilt die mal in diese drei Schachteln auf, und hier sind drei Sanduhren, seid vorsichtig beim Tragen. Die Sanduhr zeigt drei Minuten an. Also zweimal ganz durchlaufen lassen, schaut genau! Dann werden es Sechs-Minuten-Eier.
- Möhren und Gemüseschäler, wer möchte die mit nach

Hause nehmen, morgen geschält zurückbringen für den Rohkostsalat?

- Hier, drei Kokosnüsse – wie kriegt man die auf? Gut wäre, wenn ihr den Kokos auch noch klein raspelt. Aber das hat Zeit bis in ein paar Tagen.

- Walnüsse knacken, wer macht das für übermorgen? Hier sind zwei Nussknacker, aber es gibt auch andere Methoden, probiert mal daheim, was könnte man noch benutzen? Malt das in euer Portfolio.

- Wer will zu Hause schon mal die Spaghettimaschine ausprobieren? Nächste Woche machen wir alle zusammen im Kindergarten Spaghetti, ihr könnt es uns dann erklären.

- Diese Pappkartons kann man zu einer Schachtel falten. Übt das ein paar Mal zu Hause, bis ihr es mit geschlossenen Augen könnt, und dann zeigt ihr es uns hier.

- Adriana hat gesagt, sie will mit ihrer Strickliesel eine Schnur machen, die vom Boden bis zur Decke reicht. Aber allein schafft sie das nicht. Bis zum Knie reicht ihre Schnur schon. Mag ihr jemand helfen, nimmt jemand ihre Strickliesel übers Wochenende mit nach Hause?

- An den Malkitteln fehlen Knöpfe, hier sind welche, und hier ist Nadel und Faden. Bitte annähen, wer will das zusammen mit der Mama versuchen?

- Dieses Bilderbuch fällt auseinander. Wer kann das zu Hause zusammenkleben? Hier ist Klebeband in zwei Breiten. Auf dem hinteren Buchdeckel innen steht ›Repariert von …‹, da schreibt bitte euren Namen rein. Dann steht da noch ›Und von …‹, da kann deine Mama oder dein Bruder, wer dir halt geholfen hat, seinen Namen reinschreiben. Das hat Zeit bis nächste Woche.

- Hier eine Rätselaufgabe. Drei Zahlen in Blindenschrift. Findet mit euren Eltern heraus, welche Zahl für dich am besten passt, wie alt du bist zum Beispiel, oder wie viele

Menschen ihr seid am Tisch beim Abendessen. Dann kannst du diese Zahl mit dieser Stopfnadel in diese Karte stechen, und die hängen wir dann über deinen Garderobenhaken.

Die Erlebnisse und Erkenntnisse mit dem Ding werden in ein paar Notizen vom Kind geschrieben oder den Eltern diktiert, oder in einer Zeichnung festgehalten, und sie gehen ein ins Portfolio des Kindes. Welche neuen Ideen hat der Gegenstand ausgelöst?

Die Aufträge sollen nicht von heute auf morgen über die Eltern verhängt werden. Eine neuartige Kommunikation mit den Elternhäusern muss sich einspielen. Schon beim ersten Kontaktgespräch mit den Eltern wird die Leiterin erklären, dass die Bildungsarbeit des Kindergartens sich auch in den Familienalltag hinein fortsetzen soll. Das kann sie mit Autorität sagen, denn sie kann sich dabei sowohl auf ihre eigenen Beobachtungen als auch auf die Lernforschung und die Bildungssoziologie stützen. Sinngemäß wird sie sagen:

»Familie und Alltag des Kindes sind als Bildungsorte ebenso entscheidend wie die im Kindergarten verbrachte Zeit. Die Eltern haben schon vor dem Eintritt des Kindes in den Kindergarten viel für seine Bildung getan, mehr als ihnen selbst oft bewusst ist. Aber es muss weitergehen. Durch unsere Elternhaus-Aufgaben sollen die Kinder zu Hause zeigen, was sie beschäftigt. Die Gespräche, die dabei entstehen, sind das Wichtigste, und sie sollen Spuren hinterlassen, zum Beispiel im Portfolio des Kindes. Wir denken uns diese Aufgaben nicht aus, damit Sie uns die Arbeit abnehmen. Wir können ein Bilderbuch rascher selbst zusammenkleben.

Wir sehen in diesem Tun zu Hause auch eine Form von

Schulvorbereitung für die Fächer, die für den Schulerfolg die wichtigsten sind: Lesen und Schreiben, Mathematik und Sachkunde. Im Kindergarten und im Elternhaus können wie nebenbei die sogenannten Vorläuferfertigkeiten geübt werden. Für den Schriftspracherwerb heißt das, zuhören zu können und sich zu artikulieren, und der Wortschatz entwickelt sich beim gemeinsamen Tun mit Erwachsenen. Vor allem auch der Wortschatz in der Muttersprache, dafür können wir im Kindergarten nicht so viel tun wie Sie zu Hause.

Elementare Mathematik wird zu Hause praktiziert beim Sockensortieren am Wäscheständer und beim Eierkochen. Beim Nussknacken und beim Bügeln kommt man mit den Naturkräften in Berührung. Alternatives Problemlösen wird geübt beim Öffnen einer Kokosnuss ...

Wir Erzieher sehen darin aber mehr als nur Schulvorbereitung. Man kann oft hören: ›Nicht für die Schule, sondern fürs Leben lernen wir.‹ Wir gehen weiter, wir sagen: *im* Leben lernen wir. Unsere Kinder sollen das Lernen als Teil ihres ganzen Lebens erfahren können, und deshalb soll es nach dem Kindergarten zu Hause damit weitergehen.«

Für die Kinder sind die Elternhaus-Aufgaben keine Zumutung. Auch in der Grundschule haben sie, zumindest noch in den ersten Klassen, nichts gegen Hausaufgaben. Sie tun gern etwas Nützliches, »richtige Arbeit«. Und sie haben immer gern etwas zum Mitbringen dabei, vom Kindergarten nach Hause, oder von daheim in den Kindergarten. Montags früh der Küchenfrau die drei am Wochenende selbst gebügelten Küchenhandtücher übergeben – das lässt sie im Kindergarten ankommen und nimmt vielleicht auch den von Erziehern gefürchteten Montagvormittagen etwas von der Spannung. Und von Mal zu Mal spielt sich zwischen Elternhaus und Kindergarten, zwischen beiden Bildungsorten, eine an den Dingen orientierte Kommunikation ein. Die »trianguläre Kommunikation Kind-Ding-Mutter« der frühen Kindheit wird erweitert in eine Kommunikation »Elternhaus-Ding-Kindergarten«.

In der ersten öffentlichen Bildungsinstitution, dem Kindergarten, in ihrer Rolle als Bildungsbegleiter ihrer Kinder bestätigt, werden diese Eltern später weniger Scheu vor der Schule haben. Sie werden sich selbstbewusster dafür interessieren, wie es mit dem Lernen dort weitergeht.

Die Dinge im Gespräch

Die spontanen und oft einfältigen Einfälle fragelustiger Kinder bringen oft Dinge ans Licht, die einen nachdenklichen Mann beschäftigen können. Und ich meine, man kann häufig mehr aus den unerwarteten Fragen eines Kindes lernen als aus Gesprächen mit Männern, die darauf los reden in Begriffen, die sie geborgt haben, und die in den Vorurteilen ihrer Erziehung befangen sind.[63]
JOHN LOCKE, An Essay concerning Human Understanding, 1693

Wenn Eltern und Kinder sich daheim einem Ding aus der Vitrine zuwenden, müssen die Eltern nicht mehr wissen als die Kinder.

Gesprächspausen sind nur Erwachsenen peinlich, den Kindern nicht. Erwachsene haben in der Schule erfahren, dass ihnen keine Zeit zum Nachdenken blieb. War man nicht schnell genug, war man im Nachteil, in die entstehende Denkpause riefen die anderen hinein. Aber Kinder lieben die Gesprächspause, die entsteht, wenn sie einen Erwachsenen mit ihrer Frage überrascht haben. Spannung liegt in der Luft. Dann kann man beginnen, laut zu denken, gemeinsam. Mit sich selbst sprechen und zugleich mit dem Anderen, dem Ding zugewandt, tastend, »abwägend«, in »zweiter Naivität«, wie es Martin Wagenschein nannte. Ohne den Druck voranzukommen, ohne Drängelei. Mit der Zeit, die sich auch ein Kind beim ersten Explorieren eines Gegenstands nimmt. Daheim wird das möglichst in der Muttersprache geschehen. (Etwa siebzig Prozent der Weltbevölkerung spricht täglich mindestens zwei Sprachen, circa fünfzig Prozent der Kinder sprechen in der Schule eine andere Sprache als in der Familie.)

Wenn Erwachsene und das Kind sich ein Ding aus der Vitrine vornehmen, öffnet sich ein pädagogischer Raum. Den eröffnet das Kind auch bei anderen Gelegenheiten, zum Beispiel wenn es dem Erwachsenen etwas zeigen will, oder wenn es sich ihm mit einem Buch auf den Schoß setzt. Diesen pädagogischen Raum kann man einige Male in der Woche bewusst »einziehen«. Er birgt einige Gefahren. Vielleicht sollten die Erzieher die Eltern darauf vorbereiten, dass sich in dieser Situation in ihnen ihre Lehrer von einst melden werden: der Lehrer, der das Kind belehrte, die Lehrerin, die das Kind nur zu einem Ergebnis führte, das sie selbst schon längst kannte.

Mit den Kindern und den Dingen daheim sollen stattdessen Dialoge entstehen, Ideen, Spekulationen. Wenn sich Erwachsene ohne fertige didaktische Absicht mit den Kindern auf die Dinge als etwas Drittes einlassen, wird man in den Gesprächen oft von sich selbst überrascht werden. Erst beim Artikulieren oder im Tun erfährt man dann, was man eigentlich schon wusste. Deshalb ruft der Dialog nicht nur Wissen ab, sondern bringt es in gewisser Weise auch hervor.

Die Dinge, gezeichnet

Der Pinsel ist dazu da, die Dinge vor dem Chaos zu retten.
TAO CHI, chinesischer Landschaftsmaler
des 17. Jahrhunderts[64]

Wenn man ein Ding rasch knipst, kann man meinen, jetzt wäre es erfasst.

Das hat den Nachteil, dass es nicht genau angeschaut wurde, sondern nur der Apparat darauf gerichtet wurde. Die Erkenntnis wurde an den Apparat delegiert. Das Anschauen verschiebt man auf später. Der Fotoapparat bildet die richtige Länge, Farbe, Tiefe ab, und er gibt die Konstruktionselemente richtig wieder. Kein Teil wird vergessen.

Das gleiche Ding angeschaut und aus der Erinnerung gezeichnet: Schnell wird man merken, wie viel man nicht weiß, Maße, Größenverhältnisse, Konstruktionsdetails. Dann erkennt man, wie oberflächlich das erste Sehen und das schnelle Fotografieren waren, und dass man das Ding nicht wirklich gesehen hat. Mit dieser Oberflächlichkeit kann man leben. Aber beschränkt.

Beobachtendes Sehen muss man lebenslang üben – auch beim Fotografieren, wenn es etwas anderes sein soll als ein rasches Knipsen.

»Beobachten ist ein elementar dichterischer Vorgang. Auch die Wirklichkeit muss geformt werden, will man sie zur Sprache bringen.« (Friedrich Dürrenmatt)

Wie kann man das Beobachten üben? Ein Kind steht hinter einem anderen, das die »Kamera« darstellt. Das dahinter stehende Kind ist der »Fotograf«. Ein leichter Druck auf die Schulter des Vordermanns: »Aufnahme ausgelöst!« Jetzt muss das »Kamera«-Kind beschreiben, was es gesehen, »fotografiert« hat, seinen Bildausschnitt.

Das Erlebnis, dass man Eindrücke, Augenblicke festhalten kann! Allmählich wird nach solchen Übungen die Motivwahl der Kinder auch beim wirklichen Fotografieren anspruchsvoller. Aufmerksames Fotografieren, »Sehen« in diesem Sinn, kann man auch bei den Elternhaus-Aufgaben üben. Nah herangehen, die Kamera ruhig halten, und was ist ein wesentlicher Bildausschnitt?

Der Königsweg des Beobachtens bleibt das Zeichnen. Die Dinge halten still, wenn man sie mit den Augen abtastet!

Im Kindergarten malen die Kinder viel im »freien Ausdruck«. Auch zu Recht. In ihren Werken »tun« die Dinge etwas. Es stört die Kinder nicht, dass es nicht genau richtig aussieht, ihr Zeichnen ist expressiv, ist keine Wiedergabe.

Zeichnen, be-zeichnen, da beginnt eine andere Art der Erkenntnis. Man muss sich für einen Blickwinkel, für eine Ansicht (einen »Aspekt«) entscheiden: von oben, von der Seite? Längen, Flächen, Funktionsverhältnisse in einer Zeichnung wiederzugeben, das kann frustrieren. Wie machen es andere, die in dieser Technik fortgeschritten sind? Was ist das Wichtige am Ding, etwa beim Föhn? Als man ihn anschaute, meinte man nach zwei Sekunden, ihn verstanden zu haben. Aus dem Gedächtnis gezeichnet, fühlt man sich wie blind: Wo war doch der Schalter und wo das Kabel? Aber wie kann man das Funktionieren und den Bauplan verstehen, wenn man nicht genau weiß, wie der Föhn aussieht? Oder dieser Dosenöffner, so wie ich den aus dem Gedächtnis zeichne, könnte der nie funktionieren!

Man will das Kind nicht entmutigen. Und sich selbst auch nicht. Also erst einmal einige Dinge aus der Vitrine in ihren Umrissen zeichnen. Hammer, Streichholz, Schere, Schöpfkelle. Und es dann mit einem Ding versuchen, das ein Innenleben hat, die alte Kaffeemühle zum Beispiel. Kann man zeichnen, was da mahlt? Die Technik ist, wie so oft, versteckt.

Was hält die Bohnen fest, erst werden sie halbiert, dann werden sie immer kleiner, bis zu Filterkaffee gemahlenem Pulver. Von außen sieht man nicht, wie es drinnen arbeitet!

Über eine Zeichnung kann man gemeinsam gut sprechen und streiten.

Die Dinge in den Ferien

Im Eingangsflur einer Frankfurter Schule hängt ein Brett mit austauschbaren Zahlkarten. »Noch 41 Tage bis zu den Großen Ferien!« Der Hausmeister hat die Tafel mit dem Countdown an seinem Kiosk angebracht und bringt die Zahlkarten täglich auf den neuesten Stand. Den Lehrern wird es unbehaglich sein, an dieser Kriegserklärung vorbeizugehen. Ist ihre Schule ein Knast, sind sie Strafvollzugsbeamte? Muss man in dieser staatlichen Zwangsveranstaltung unter Bewachung die Lebenszeit absitzen, und ist das eigentliche Leben anderswo?

Wie viel Zeit vergeudet man im Leben, wenn man nur dem Urlaub entgegenfiebert. Wenn die Ferien der Höhepunkt des Jahres sein sollen, wertet das den Alltag ab zum entfremdeten Dasein. Und kann ein Urlaub halten, was der ungeliebte Alltag versprach? Wie dann die Enttäuschung zugeben? Für Kinder sind Urlaubsreisen nicht nur herrliche Zeiten. Oft werden sie zu Statisten in der Urlaubsregie ihrer Eltern, und die Animation der Reiseveranstalter ist auch nicht jedes Kindes Sache. Schwer, neben den Eltern ein eigenes Thema zu finden.

Wochenlang verabschiedet sich der Staat aus der Bildungsverantwortung, und die Lehrer verschwinden aus dem Leben der Kinder. Mit ihnen auch die Anregungen, die Bildung?

Für japanische Schulkinder bricht in den Ferien die Beziehung zu den Anderen, zur Gruppe – was immer auch heißt, zum Lernen und zum Üben –, nicht ab. Eine seit Jahrhunderten geübte Tradition des Tagebuchschreibens wird im Ferientagebuch fortgesetzt. Das kann ein Wind- und Wolkenbuch sein. Oder ein gezeichneter Comic (ein *enikki* = Bildertagebuch), etwa »Mein Tagesablauf auf dem Campingplatz«, als Brief geschickt an die Klassenkameraden. »Freundschaftspflege« nennt man das in Japan. Auch die Lehrer halten den Kontakt. Sie schicken den Kindern ein Rätsel, sie erzählen von ihrem Hobby, sie geben ihrer Klasse ein Versprechen fürs kommende Schuljahr.

In den großen Schulferien in Deutschland, hat man herausgefunden, öffnet sich die Bildungsschere zwischen den unterschiedlichen Bildungsmilieus noch einmal weiter. Denn jetzt liegt die Initiative allein bei den Elternhäusern.

Da gibt es Eltern, die mit den Kindern wandern und reisen, die ihre Kinder in Sommerkurse, in Ferienakademien und Sprachferien schicken – Milieuwechsel und Anregungen, bildungsnah.

Und da sind die Familien, die in die Herkunftsländer ihrer Eltern und Großeltern fahren. Auch hier eine Fülle von Anschauung und Erkenntnissen für die Kinder. Aber die Unterschiede zwischen Hier und Dort werden nicht zur Sprache gebracht, und deshalb bleibt der große Wissenszuwachs während der Wochen in einer anderen Kultur für die Kinder dennoch »bildungsfern«.

Und da sind die Familien, die die Ferienwochen zu Hause überbrücken müssen mit Notlösungen in der Betreuung der Kinder und noch mehr Fernsehkonsum als sonst.

»Ferien-Hausaufgaben«? Den Kindern, denen im Countdown der Tag verheißen wurde, an dem sie endlich der Schule den Rücken kehren, wird das als eine Zumutung erscheinen. Und zunächst wohl auch den Eltern, die von der Schule viel Druck aufs Elternhaus erleben, unter anderem durch die um ein Jahr verkürzte Schulzeit an den Gymnasien.

Und doch kann die schulfreie Zeit eine dichte und unvergessliche Bildungszeit sein. Das Leben stellt in den Ferien neue interessante Aufgaben. Könnte man es vielleicht so sehen: Die Schule hilft dabei, diese Aufgaben auf den Punkt zu bringen?

Zum Beispiel mithilfe der Vitrine – Thema »Sommerferien«. In den letzten Tagen davor gibt es dort Dinge zum Mitnehmen in die Ferien: Schachteln, Säckchen, Dosen fürs Hosentaschenmuseum, für die Funde auf Reisen. Einen Bilderrahmen. Ein leeres Album. Gläser für Proben von Wasser und Sand. Eine Blumenpresse. Zum Ausleihen ein Fernglas, Lupenglas, Kompass, Tonaufnahmegerät.

Eine Umfrage in der Klasse – »Das werde ich in diesem Sommer üben« – hat eine Liste von selbst gestellten Aufgaben erbracht: Kopfsprung vom Dreimeterbrett, die Tonart mit zwei Kreuzen auf der Gitarre, zwanzig Wörter in einer neuen Sprache. Eine Ferienaufgabe könnte auch das Porträt eines besonderen Dinges sein. »Das gibt es nur bei uns« (in Bosnien, am Ostseestrand, in der Familie meiner Cousine). Alltagsgegenstände werden andere auf Reisen, das macht die Ortsveränderungen ja so belebend. Gezeichnet, fotografiert, was man damit tut, und was sagen andere Familienmitglieder dazu? Eine Recherche über einen Brunnen, einen Armreif, einen Traktor, ein Rezept, eine Müllhalde beschreiben, ein Boot, einen Friedhof, einen Bienenstock beobachten, den Hafen. Eine Tonaufnahme vom Esel, der Schiffssirene, von der Band des Vetters. Eltern, Großeltern können dabei helfen. Zum Schluss: Was wünschen sie alle dem Kind fürs kommende Schuljahr? Diese Dokumente – mit ihren Unterschriften – kommen ins Portfolio des Kindes, als persönliche Dokumente seines in den Ferien reicher gewordenen Weltwissens.

Die Themen und Dokumente werden so vielfältig sein wie die Ferienerfahrungen der Kinder. Dann können sie nicht über den Leisten einer schulischen Beurteilung gezogen werden. Anders als beim Aufsatz *Mein schönstes Ferienerlebnis*, wie er früher in den ersten Tagen des neuen Schuljahrs obligatorisch war. Das war nichts als Pflichtübung. Um das individuelle Erlebnis des Reisens ging es dabei nie, sondern nur wieder um Rechtschreibung, Schriftbild und um den sogenannten »logischen Aufbau des Erzählten«. Note Drei plus. Weltwissen des Sommers, ade.

Stattdessen können die in einer Weltwissen-Vitrine ausgestellten Dinge, Fundstücke und Dokumente – »Ferien 2010« – Stolz verbreiten über eine in eigener Regie fern der Schule interessant verbrachte Zeit.

V

Nachwort: Vom Mehr in den Dingen

Was wussten wir mit unseren Händen anzufangen? Nichts oder so gut wie nichts. Ganz anders als die Frauen: unsere Mütter und Großmütter hatten rege, geschickte Hände, sie verstanden zu nähen und zu kochen, manche auch Klavier zu spielen, Aquarelle zu malen, zu sticken, sich das Haar zu flechten. Wir aber und unsere Väter? Unsere Hände waren grob und zugleich schwach, unterentwickelt, gefühllos, der am wenigsten ausgebildete Teil unseres Körpers. Nach den ersten grundlegenden Erfahrungen im Spiel hatten sie schreiben gelernt und nichts weiter. Sie kannten das krampfhafte Festklammern an den Zweigen der Bäume ... sie kannten jedoch nicht das feierliche ausgewogene Gewicht des Hammers, die geballte Kraft der Messerklingen, den weisen Aufbau des Holzes, die einander ähnliche und doch andersartige Nachgiebigkeit von Eisen, Blei und Kupfer. Wenn der Mensch ein Handwerker ist, so waren wir keine Menschen. Das wussten wir und litten darunter.
PRIMO LEVI[65]

Die Dinge, wie sie sind, lassen zu wünschen übrig. Deshalb wird es künftig nicht weniger von ihnen geben: Es findet sich immer eine Verbesserung, eine Variation. Neue Formen und Produkte entstehen aus ruheloser Unzufriedenheit mit dem Bestehenden, schreibt der Designhistoriker Henry Petroski.[66] Die Zeiten ändern sich, die Dinge mit ihnen, und manche Dinge versprechen, dass man mit ihnen der Zeit voraus sein kann.

Gegen den Ansturm der Dinge und die Flut der Informationen anzukämpfen ist ein Kampf auf verlorenem Posten. Um von ihnen nicht überwältigt zu werden, muss man gelernt haben, zu wählen und zu entscheiden. Diese Entscheidungen setzen Selbstvertrauen und Wissen voraus. Selbstvertrauen im Umgang mit den Dingen entsteht durch tätige Erfahrung mit Dingen, Wissen durch die Reflexion über diese Erfahrungen.

Das von den »Vätern Ererbte«, die materielle Kultur, muss von jedem Kind neu erworben werden, um sie »zu besitzen«, nicht ein für alle Mal, sondern von einer praktischen und geistigen Aufgabe zur nächsten. Primo Levi erkannte an der Ungeschicklichkeit seiner Hände, wie viele Aufgaben er und die männlichen Altersgenossen seiner sozialen Klasse verfehlt hatten, und er schämte sich dafür. Die Hände der Frauen waren kultivierter. Heute wird ein Zwölfjähriger das nicht so sehen. Die Geschlechterrollen haben sich angenähert, die *digital natives* beiderlei Geschlechts gehen mit ihren »Leitgegenständen«, dem Computer und dem Handy, gleichermaßen geschickt um. Und wenn sie die Gelegenheit erhalten, bilden ihre Hände auf ähnliche Weise die Griffarten des Alltags aus – den Schlüsselgriff, Schreibgriff, Umblättergriff, Henkelgriff, Scherengriff, Knopfgriff, Bogengriff, Zupfgriff …

Auffällig ist heute der sprachliche Zugriff der Kinder auf die Dinge. In den vergangenen drei Jahrzehnten hat sich ein Kommunikationsstil des Verhandelns und Verbalisierens eingespielt – zumindest in den Familien, die an die Diskurse der Wissensgesellschaft angeschlossen sind –, der Jungen und Mädchen schon in frühem Alter zu erstaunlich eloquenten Zeitgenossen macht. Manchmal wirken diese Kinder wie übersteuert, und man fragt sich: Wissen sie überhaupt, wovon sie reden? Reden sie vielleicht über die Dinge hinweg?

Wissen ist mehr als der Kurzschluss zwischen Information und Sprache. Wissen ist ganzkörperliches Wissen, und das heißt auch, sich sachkundig bewegen zu können in der Welt der Dinge. »Wenn wir etwas berühren oder bewegen, verändert das unser kognitives Vorstellungsvermögen mehr, als wir bisher angenommen haben«, sagt der Neurobiologe Martin Korte.[67] Wenn »die haptischen Fähigkeiten verkümmern«, weil der »Schwund der Dinge« (Leroi-Gourhan) in einem virtualisierten Alltag die Kinder zu Handlangern von wenigen Geräten macht, verarmen die Kinder nicht anders, als es Primo Levi empfunden hat.

Wenn es das Lebensziel eines gebildeten Menschen ist, aus verschiedenen Quellen leben zu können, dann müssen die Erwachsenen den Kindern auf dem Weg dahin Erfahrungen mit der physischen Umwelt ermöglichen. Indem zum Beispiel jedes Kind ein Musikinstrument zu spielen lernt. (Endlich gibt es in Deutschland die ersten Grundschulen, in denen das geschieht.) Und die Waldkindergärten, auch wenn es von ihnen nur einige Hundert in Deutschland gibt, zeigen uns, wie Kinder heraustreten können aus einer vorgedachten und vorfabrizierten Welt der zuhandenen Dinge. Die vorgedachten Dinge schreiben in eindimensionaler Befehlsgewalt den Anfang und das Ende jeder Handhabung vor. In einer Umgebung im Freien, im Wald, kann das Kind dagegen durch Umdefinition und geschickte Manipulation das in amorpher Gestalt Vorgefundene – Erde, Wasser, Pflanzen, Gestrüpp, Stöcke und Steine – zu zweckgerichteten und handhabbaren »Dingen« werden lassen. Die Kinder erfahren dabei etwas über elementare Grundhaltungen des Sichbehelfens. Sie erfahren, wie Materie menschlichen Zwecken zugeführt wird, dass alle Dinge »gemacht« sind und dass es dabei auf sie selbst ankommt.

Wenn die Erwachsenen einen Vormittag lang zuschauen, welche Spielideen Kinder an einem unscheinbaren Holzstoß entwickeln, oder wie sie vorsichtig einen verlassenen Chitinpanzer von einer Baumrinde ablösen, verändert sich ihr ichbezogen sentimentales Verhältnis zur Natur. Eine ähnliches Neuerschaffen von Dingen kann man mit Kindern auch erleben, wenn man sich ihrer kindlichen Freiheit anschließt, die über die eindimensionale Funktionalität der Dinge hinausweist.

Die Erwachsenen haben sich an die »Wesenskräfte«, die in die Produktion aller Dinge eingegangen sind, gewöhnt, sie sind ihnen nicht mehr der Rede wert. Ihre »bedeutenden Gegenstände« sind ihnen, wie wir gesehen haben, oft nur noch nostalgisch bedeutsam. Ein solcher Nostalgiker ist der türkische Schriftsteller und Nobelpreisträger Orhan Pamuk. In seinem Roman *Das Museum der Unschuld* (2008) besetzt er seine gesammelten Alltagsgegenstände aus dem Istanbul der 1960er Jahre ausschließlich mit sich selbst, mit den Erinnerungen an eine unglückliche Liebesgeschichte. Er kann wohl nicht anders, auf andere Weise kommt er an die Dinge nicht heran. Auch er ist wie Rilke, Proust und Primo Levi in den überladenen Wohnungen des Großbürgertums aufgewachsen, umstanden von Abertausenden von Dingen, an deren Produktion und Pflege er nicht beteiligt war, dafür gab es Dienstboten. Welche Kräfte in diesen Gegenständen wirken, wie Dinge weiterentwickelt werden könnten, wie sie über seine Person hinausführen könnten, darin sich zu üben fand er keinen Anlass, und in seiner Klasse braucht er dieses Wissen auch nicht. Die Arbeitsteilung gibt ihm eine konsumistische Beziehung zu den Gegenständen vor. Im Roman macht sich der Erzähler mit der Wehmut eines lebenslang Nachgeborenen auf zu den Ding-Museen der Welt, um sich von Hüten, Seifen, Tabakspfeifen inspirieren zu lassen für sein eigenes »Museum der Unschuld« (die Eröffnung in Istanbul ist 2010 geplant). Sein Museum der Haarspangen, Aschenbecher, Parfumflakons wird ein Ich-Museum werden. Mit dem Auto seiner Kindheit möchte er »unter einem Dach wohnen«[68]. »Alle Objekte sollen von einem weichen, geradezu von innen heraus strahlenden Lichtschein beleuchtet werden«[69]. Von nichts anderem werden dann die Dinge sprechen als von der Vergangenheit ihres Sammlers, die »in den Dingen wohnt wie eine Seele«.[70]

Die Kinder lassen uns diesen nostalgischen Blick auf die Dinge nicht durchgehen. Bei ihren Expeditionen zu den Alltagsgegenständen stoßen sie uns mit der ihnen eigenen Intensität und Handlungslust auf das Mehr in den Dingen. Daraus können geistige Ereignisse entstehen und ein Glück für Kinder und Erwachsene. Die Kinder helfen dabei, uns zu schützen vor der Maßlosigkeit unserer Wünsche.

Machen wir uns auf, schauen wir uns um. Suchen wir das Ding, das nichts zu wünschen übrig lässt.

DANK

An erster Stelle Dank an Christa Engemann im baden-württembergischen Kultusministerium für ihr spontanes Aufgreifen einer einfachen Idee. Als sei das etwas ganz Naheliegendes, hat sie die Anregung »Weltwissen-Vitrine« in die Agenda des Projekts »Bildungshäuser 3–10« aufgenommen. So unkompliziert kann man in ihrer Stellung nur sein, wenn man über viele Jahre im ganzen Land Vertrauen und Autorität gewonnen hat.

Dank an die Teams der Bildungshäuser Göppingen, Heilbronn und Oberbalbach für ihre ideenreichen Umsetzungen des Vorschlags »Weltwissen-Vitrine« und für die damit verbundene Mehrarbeit. Die Familien dieser Bildungshäuser haben uns den Respekt und die Wärme, die sie von den Pädagogen erfahren haben, zurückgespiegelt. Ich bin ihnen – und auch den Familien der Early-Excellence-Zentren in München – dankbar, dass Otto Schweitzer und ich sie daheim mit der Kamera besuchen konnten. Deshalb bleiben viele glückliche Augenblicke angeregter Familienkommunikation nicht nur mir als Beobachterin unvergesslich; auch die Zuschauer der Filme können sich ihnen anschließen. Dank dafür besonders an Otto Schweitzer, dessen Beobachtungsgabe für sprechende Details, wesentliche Handgriffe und intime Blickwechsel meine Sicht auf die Dinge erweitert hat.

In Workshops in ganz Deutschland haben viele Teilnehmer sich die Mühe gemacht, ein persönliches Ding mitzubringen, es vor größerem Publikum zu präsentieren und etwas zu dessen oft intimer Bedeutung zu sagen. Vielleicht hat das manchmal Überwindung gekostet, für die ich allen dankbar bin.

Das Projekt und das Buch beraten und unterstützt haben die Kollegen und die Freunde Ute Andresen, Kerstin Antlitz, Gisela von Auer, Irmgard Burtscher, Semra Dogan, Simon Fellmeth, Marek Gazdzicki, Susanne Herrmann, Silvia Hüsler, Eva Grüber, Petra Larass, Catherine Lewis, Peter Loewy, Marianne McGeehan, Monika Pawelek, Zinnur Schläger, Helmut Schreier, Otto Schweitzer, Mikiko Tabu und Frank Wilson.

Katharina Gewehr war bei der Redaktion der Manuskripte eine hilfreiche und anregende Vielfachleserin.

Anmerkungen

1 Pier Paolo Pasolini: *Lettere luterane*. Turin 1976, S. 43, eigene Übersetzung

2 Karl Marx: *Grundrisse der Kritik der Politischen Ökonomie*. 2. Aufl., Berlin 1974

3 Kindergarten und Grundschulen werden im Rahmen des baden-württembergischen Modellprojekts »Bildungshäuser 3–10« zusammengeführt. Die Pädagogen entwickeln gemeinsame Angebote für Gruppen von Kindern in dieser Altersmischung und suchen nach Übereinstimmungen in ihren pädagogischen Ansätzen.

4 Z. B. Anna Katharina Hahn: *Kürzere Tage*. Frankfurt/M. 2009; Katharina Hacker: *Die Erdbeeren von Antons Mutter*. Frankfurt/M. 2010; Annika Reich: *Durch den Wind*. München 2010

5 Brief Rilkes an Ilse Erdmann, 1918, zit. nach Hartmut Böhme: *Fetischismus und Kultur. Eine andere Theorie der Moderne*. Hamburg 2006, S. 110

6 Herta Müller: *Jedes Wort weiß etwas vom Teufelskreis*. In: FAZ, 8.12.2009

7 Sherry Turkle (Hg.): *Evocative Objects. Things We Think With*. Cambridge, Mass. 2007

8 *Jeux dramatiques*: ein elementarpädagogisches Spiel. Der Erwachsene liest eine Geschichte vor. Die Kinder schließen die Augen und verwandeln sich in ein Tier, eine Farbe, einen Stein, ein Ding »von innen«. Bunte, transparente Tücher helfen ihnen bei dieser Verwandlung. Der Erwachsene beendet das Spiel durch ein Klangzeichen. Anschließend sprechen die Kinder über ihr Erleben des Verwandeltseins.

9 Johann Wolfgang von Goethe: *Bedeutende Fördernis durch ein einziges geistreiches Wort*. In: *Werke*. Hamburger Ausgabe Bd. 13, *Naturwissenschaftliche Schriften I.*, 11. Aufl., München 1994, S. 38

10 Eliot Washor, der Gründer der amerikanischen *Big Picture Learning Schools*, zitiert von Frank Wilson in: Donata Elschenbroich/Otto

Schweitzer: *In den Dingen. Eltern und Kinder öffnen die Wunderkammern des Alltags.* Dokumentarfilm 2009

11 Norbert Elias: *Über den Prozess der Zivilisation. Soziogenetische und psychogenetische Untersuchungen.* 2 Bde. Frankfurt/M. 1978

12 Traudel Schlenker / Zhao Yuanhong: *Im Traum war ich ein Schmetterling. Chinesen erzählen ihre Kindheit.* Leipzig 1993, S. 67 f.

13 Jenny Erpenbeck: *Dinge, die verschwinden.* Berlin 2009, S. 92

14 Marie Luise Kaschnitz: *Menschen und Dinge 1945.* Frankfurt/M. 1995, S. 31

15 Natalia Ginzburg: *Die kaputten Schuhe.* Berlin 1998, S. 11 f.

16 Ebd., S. 14

17 Heinrich Waggerl: *Liebe Dinge.* (1956) München 2010

18 Nils Minkmar: *Liegt die Zukunft im Karton?* In: *Mit dem Kopf durch die Wand.* Frankfurt/M. 2009, S. 215

19 Ebd.

20 José Maria Corredor: *Gespräche mit Casals.* Bern 1954

21 Albert Camus: *Der erste Mensch.* Reinbek 2000, S. 194

22 Johann Wolfgang von Goethe: *Faust I.*, A.a.O. Bd. 3, *Dramatische Dichtungen I.*, S. 89

23 Z. B. Pieter Boel, 1663, Musée des Beaux-Arts, Lille

24 Vladimir Nabokov: *Der Mensch und die Dinge.* In: *Gesammelte Werke,* Bd. 21, *Eigensinnige Ansichten.* Reinbek 2004, S. 263 ff.

25 Wisława Szymborska: *Der Augenblick/Chwila.* Frankfurt/M. 2005

26 Henry Petroski: *Messer, Gabel, Reißverschluss. Die Evolution der Gebrauchsgegenstände.* Basel 1994

27 Mechthild Papousek im Interview mit Donata Elschenbroich. In: Donata Elschenbroich / Otto Schweitzer: *Im Frühlicht. Die ersten drei Lebensjahre als Bildungszeit.* Dokumentarfilm 2005

28 Konrad Lorenz: *Vom Weltbild des Verhaltensforschers.* München 1968, S. 77

29 Ebd., S. 75

30 Claus Stieve: *Von den Dingen lernen. Die Gegenstände der Kindheit.* München/Paderborn 2008

31 Donald W. Winnicott: *Übergangsobjekte und Übergangsphänomene.* In: *Psyche 9,* 1969

32 Jörg Baesecke / Hedwig Rost: *Höher als der Himmel, tiefer als das Meer. Ein Erzähl- und Theater-Werkbuch.* Frankfurt/M. 2007

33 Christoph Asendorf: *Batterien der Lebenskraft. Zur Geschichte der Dinge und ihrer Wahrnehmung im 19. Jahrhundert.* Gießen 1984, S. 134

Anmerkungen 201

34 Rainer Maria Rilke: *Wie der Fingerhut dazu kam, der liebe Gott zu sein.* In: Ders.: *Vom lieben Gott.* Leipzig 1913, S. 144 ff.

35 Ders.: *Das Buch der Bilder.* Frankfurt/M. 1980, S. 41

36 Vladimir Nabokov, a.a.O., S. 269

37 Ebd.

38 Imre Kertész: *Roman eines Schicksallosen.* Reinbek, 24. Aufl., 2010

39 Christian Ankowitsch / Johannes Erler: *So ein Ding. Kinder erklären die Welt.* München 2008

40 Alison Gopnik / Patricia Kuhl / Andrew Meltzoff: *Forschergeist in Windeln.* Stuttgart 2002

41 Karl Eduard Schmidt-Lötzen (Hg.): Dreißig Jahre am Hofe Friedrichs des Großen. Aus den Tagebüchern des Reichsgrafen Ahasverus Heinrich von Lehndorff, Kammerherr der Königin Elisabeth von Preußen. (Eintrag vom 28.1.1754). Gotha 1907, S. 136

42 Andrew Meltzoff in: Donata Elschenbroich / Otto Schweitzer: *Das Kind ist begabt.* Dokumentarfilm 2006

43 Marcel Mauss: *Die Gabe. Form und Funktion des Austausches in archaischen Gesellschaften.* In: Ders.: *Soziologie und Anthropologie,* Bd. 2, Frankfurt/M. 1989, S. 9–144

44 Betrifft: *Kinder 3.* 2010, S. 47

45 Herta Müller: *Die Nacht ist aus Tinte gemacht. Herta Müller erzählt ihre Kindheit.* Hörbuch, Berlin 2009

46 Pier Paolo Pasolini, a.a.O.

47 Peter Fischli / David Weiss: *Raum unter der Treppe.* Museum für Moderne Kunst, Frankfurt/M. 1993

48 1992 haben Elke Schubert und Rainer Strick, Fachberater am Jugendamt von Weilheim, dieses Projekt erstmals durchgeführt.

49 Persönliche Mitteilung

50 In: Donata Elschenbroich / Otto Schweitzer: *Ins Schreiben hinein. Kinder auf der Suche nach dem Sinn der Zeichen.* Dokumentarfilm 2002

51 Anna Winner: *Kleinkinder ergreifen das Wort.* Berlin 2007, S.56 f.

52 Gudula List: *Quersprachlichkeit. Zum transkulturellen Registergebrauch in Laut- und Gebärdensprachen.* Tübingen 2001

53 Donata Elschenbroich / Otto Schweitzer, a.a.O.

54 Jana Hensel: *Wie schick soll mein Kind gekleidet sein?* In: ZEIT-Magazin, 25.2.2010, S. 27

55 Peter Handke: *Der Schuhputzer von Split.* In: Ders.: *Noch einmal für Thukydides.* Frankfurt/M. 2007, S. 23 f.

56 John Locke: *Gedanken über Erziehung*. Aus dem Englischen von Heinz Wohlers. Stuttgart 1970, § 121, S. 153

57 Nancy Rosenblum: *Chinese Scholars' Rocks*. In: Sherry Turkle (Hg.), a.a.O., S. 267

58 Zu den baden-württembergischen Bildungshäusern vgl. Anmerkung 3.

59 Thomas J. Müller-Bahlke: *Die Wunderkammer der Franckeschen Stiftungen*. Halle 1998; und Paul Raabe (Hg.): *Vier Thaler und sechzehn Groschen. August Hermann Francke, der Stifter und sein Werk*. Halle 1998

60 Heinz Bude: *Die Ausgeschlossenen. Das Ende vom Traum einer gerechten Gesellschaft*. München 2008, S.43 f.

61 Donata Elschenbroich / Otto Schweitzer: *Die Dinge – daheim. Ein Bildungshaus im Taubertal*. Dokumentarfilm 2008. Dies.: *In den Dingen. Eltern und Kinder öffnen die Wunderkammern des Alltags*. Dokumentarfilm 2009. Dies.: *Early Excellence im Wohnzimmer. Angeregt durch Kindertageseinrichtungen in München*. Dokumentarfilm 2009

62 Das *Diesterweg-Stipendium* der Frankfurter Stiftung Polytechnische Gesellschaft fördert Migrantenfamilien, in denen ein Kind trotz Sprachschwierigkeiten durch sein Lernpotenzial auffällt. Das zweijährige Stipendium für die Familie beinhaltet neben einem jährlichen Geldbetrag für »bildungsbezogene« Anschaffungen und Förderkursen für das Kind auch »Akademie-Wochenenden«, bei denen Eltern und Geschwisterkinder in Frankfurter Kulturinstitutionen, Theater und Museen eingeführt werden. (www.sptg.de)

63 John Locke, a.a.O., § 120, S.153

64 Zit. nach John Berger: *Gegen die Abwertung der Welt*. München 2001, S. 17

65 Primo Levi, *Das periodische System*. München/Wien 1987

66 Henry Petroski, a.a.O., S. 310

67 Martin Korte: *Was soll nur aus unseren Gehirnen werden?* In: FAZ, 30.4.2010, S. 35

68 Orhan Pamuk: *Das Museum der Unschuld*. München 2008, S. 535

69 Ebd., S. 557

70 Ebd., S. 532

LITERATUR

Alemzadeh, Marjan: *Frühkindliches Selbstempfinden.* Marburg 2008

Andresen, Ute: *Ausflüge in die Wirklichkeit.* Weinheim 2001

Ankowitsch, Christian/Erler Johannes: *So ein Ding. Kinder erklären die Welt.* München 2008

Asendorf, Christoph: *Batterien der Lebenskraft. Zur Geschichte der Dinge und ihrer Wahrnehmung im 19. Jahrhundert.* Gießen 1984

Baesecke, Jörg / Rost, Hedwig: *Höher als der Himmel, tiefer als das Meer. Ein Erzähl- und Theater-Werkbuch.* Frankfurt/M. 2007

Baudrillard, Jean: *Das Ding und das Ich. Gespräch mit der täglichen Umwelt.* Aus dem Französischen von Joseph Garzuly. Wien 1974

Ders.: *Das System der Dinge. Über unser Verhältnis zu den alltäglichen Gegenständen.* Frankfurt/M. 1991

Beaglehole, Ernest: *Property. Studies in Social Psychology.* New York 1932

Beek von der, Angelika: *Bildungsräume von Null bis Drei.* Berlin 2007

Berger, John: *Gegen die Abwertung der Welt.* Aus dem Englischen von Hans Jürgen Balmes. München 2001

Boehncke, Heiner / Bergmann, Klaus (Hg.): *Die Galerie der kleinen Dinge. Kleines kulturgeschichtliches ABC alltäglicher Gegenstände.* Zürich 1987

Böhme, Hartmut: *Fetischismus und Kultur. Eine andere Theorie der Moderne.* Hamburg 2006

Bude, Heinz: *Die Ausgeschlossenen. Das Ende vom Traum einer gerechten Gesellschaft.* München 2008

Burtscher, Irmgard: *Eltern sind die ersten Lehrer.* München 2005

Callenius, Marie-Ulrike / Larass, Petra: *Krimskrams in Action.* Unveröff. Ms., 2010 (www.papierkino.de)

Camus, Albert: *Der erste Mensch.* Aus dem Französischen von Uli Aumüller. Reinbek, 12. Auflage, 2010

Csikszentmihaly, Mihalyi / Rochberg-Halton, Eugene: *Der Sinn der Dinge. Das Selbst und die Symbole des Wohnbereichs.* Weinheim 1989

Daston, Lorraine (Hg.): *Things That Talk. Object Lessons from Art and Science*. New York 2004

Droit, Roger-Pol: *Was Sachen mit uns machen. Philosophische Erfahrungen mit Alltagsdingen*. Aus dem Französischen von Hainer Kober. Hamburg 2005

Eco, Umberto / Zorzoli, Giovanni Battista: *Picture History of Inventions. From Plough to Solaris*. New York, 1963

Elias, Norbert: *Über den Prozeß der Zivilisation. Soziogenetische und psychogenetische Untersuchungen*. Frankfurt/M. 1978

Elschenbroich, Donata: *Weltwissen der Siebenjährigen*. München 2001

Dies.: *Weltwunder. Kinder als Naturforscher*. München 2005

Elschenbroich, Donata / Schweitzer, Otto: *Das Rad erfinden. Kinder auf dem Weg in die Wissensgesellschaft*. Dokumentarfilm, 45 Min., 1999

Dies.: *Ins Schreiben hinein. Kinder auf dem Weg zu Schrift und Zeichen*. Dokumentarfilm, 50 Min., 2001

Dies.: *Das innere Vermögen. Eine Stadt Gottes als eine Stadt des Wissens. Die Franckeschen Stiftungen*. Dokumentarfilm, 45 Min., 2003

Dies.: *Das Kind ist begabt*. Dokumentarfilm, 50 Min., 2006

Dies.: *Die Dinge – daheim. Ein Bildungshaus im Taubertal*. Dokumentarfilm, 45 Min., 2008

Dies.: *In den Dingen. Eltern und Kinder öffnen die Wunderkammern des Alltags*. Dokumentarfilm, 50 Min., 2009

Dies.: *Die Farbe des Echos. Kulturen musikalischer Erziehung*. Dokumentarfilm, 55 Min., 2000

Dies.: *Early Excellence im Wohnzimmer. Angeregt durch Kindertageseinrichtungen in München*. Dokumentarfilm, 30 Min., 2009

Erpenbeck, Jenny: *Dinge, die verschwinden*. Berlin 2009

Ginzburg, Natalia: *Die kaputten Schuhe*. Aus dem Italienischen von Maja Pflug. Berlin 1996

Habermas, Tilmann: *Geliebte Objekte. Symbole und Instrumente der Identitätsbildung*. Frankfurt/M. 1999

Hahn, Anna Katharina: *Kürzere Tage*. Frankfurt/M. 2008

Handke, Peter: *Der Schuhputzer von Split*. In: Handke, Peter: *Noch einmal für Thukydides*. Frankfurt/M. 2007, S. 23–25

Harders, Nikolaus: *Lob der Hände*. Bremen 1989

Heubach, Friedrich: *Das bedingte Leben. Theorie der psycho-logischen Gegenständlichkeit der Dinge*. München 1996

Hoogsteyns, Maartje: *Touched by Things*. In: Schüssler, Alexandra (Hg.): *Villa Sovietica. Soviet Objects*. Gollion 2009, S. 145 f

Literatur   205

Jampert Karin u.a. (Hgg.): *Kindersprache stärken*. Berlin 2008

Jung, Jochen (Hg.): *Kleine Fibel des Alltags. Ein österreichisches Lesebuch.*
Wien 2002

Kaschnitz, Marie Luise: *Menschen und Dinge 1945. Zwölf Essays*. Frank-
furt/M. 1995

Kertész, Imre: *Roman eines Schicksallosen*. Aus dem Ungarischen von Chris-
tina Viragh. Reinbek, 2010

Kükelhaus, Hugo: *Organ und Bewusstsein*. Köln 1983

Larsen, Reif: *Die Karte meiner Träume*. Aus dem Amerikanischen von Man-
fred Allié und Gabriele Kempf-Allié. Frankfurt/M. 2009

Lehmann, Harry / Ullrich, Wolfgang: *Why the Socialist States Failed in Res-
pect of Design*. In: Schüssler, Alexandra (Hg.): *Villa Sovietica. Soviet Objects*.
Gollion 2009, S. 15 f

Leontjew, Alexejew Nikolajew: *Probleme der Entwicklung des Psychischen*. Aus
dem Russischen von Elske Däbritz, Frankfurt/M. 1973

Leroi-Gourhan, André: *Hand und Wort. Die Evolution von Technik, Sprache
und Kunst*. Aus dem Französischen von Michael Bischoff. Frankfurt/M.
1994

Levi, Primo: *Das periodische System*. Aus dem Italienischen von Edith
Plackmeyer. München 2002

List, Gudula: *Quersprachigkeit. Zum transkulturellen Registergebrauch in Laut-
und Gebärdensprachen*. Tübingen 2001

Locke, John: *Gedanken über Erziehung* (1693). Aus dem Englischen von
Heinz Wohlers. Stuttgart 1970

Konrad, Lorenz: *Vom Weltbild des Verhaltensforschers*. München 1968

Marx, Karl: *Grundrisse der Kritik der Politischen Ökonomie*. Berlin 1974

Mauss, Marcel: *Die Gabe. Form und Funktion des Austausches in archaischen
Gesellschaften*. In: Ders. *Soziologie und Anthropologie*, 2 Bde. Aus dem Französischen von Eva Moldenhauer. Frankfurt/M. 1989

Meyer-Drawe, Käte: *Menschen im Spiegel ihrer Maschinen*. Bochum 2008

Minkmar, Nils: *Mit dem Kopf durch die Welt*. Frankfurt/M. 2009

Muchow, Martha / Muchow, Hans Heinrich: *Der Lebensraum des Groß-
stadtkindes*. Reprint von 1931. Mit einem Nachwort von Jürgen Zinnecker.
Bensheim 1978

Müller, Herta: *Die Nacht ist aus Tinte gemacht. Herta Müller erzählt ihre Kindheit*. Hörbuch, Berlin 2009

Müller-Bahlke, Thomas J.: *Die Wunderkammer der Franckeschen Stiftungen*.
Halle 1998

Nabokov, Vladimir: *Der Mensch und die Dinge*. Aus dem Russischen von Sabine Herrmann. In: Nabokov, Vladimir: *Eigensinnige Ansichten*. Gesammelte Werke, Bd. 21, Reinbek 2004, S. 263–270

Niehaus, Michael: *Das Buch der wandernden Dinge. Vom Ring des Polykrates bis zum entwendeten Brief.* München 2009

Norman, David: *The Design of Everyday Things*. New York, Doubleday 1989

Oelkers, Jürgen: *John Dewey und die Pädagogik*. Weinheim 2009

Pamuk, Orhan: *Das Museum der Unschuld*. Aus dem Türkischen von Gerhard Meier. München 2008

Pasolini, Pier Paolo: *Lettere luterane*. Turin 1976. Dt.: *Lutherbriefe*. Wien/Bozen 1996

Petroski, Henry: *Der Bleistift. Die Geschichte eines Gebrauchsgegenstands.* Aus dem Amerikanischen von Sabine Rochlitz. Basel 1995

Ders.: *Messer, Gabel, Reißverschluss. Die Evolution der Gebrauchsgegenstände.* Basel 1994

Raabe, Paul (Hg.): *Vier Thaler und sechzehn Groschen. August Hermann Francke, der Stifter und sein Werk.* Halle 1998

Reich, Annika: *Durch den Wind*. München 2010

Rilke, Rainer Maria: *Vom lieben Gott. Wie der Fingerhut dazu kam, der liebe Gott zu sein.* Leipzig 1913

Sartre, Jean-Paul: *Die Wörter*. Aus dem Französischen von Hans Mayer. Reinbek 1995

Schäfer, Gerd E.: *Bildung beginnt mit der Geburt*. Weinheim, 2. Aufl., 2005

Ders.: *Natur als Werkstatt*. Weimar 2009

Schirrmacher, Frank: *Payback*. München 2009

Schlenker, Traudel / Yuanhong, Zhao: *Im Traum war ich ein Schmetterling. Chinesen erzählen ihre Kindheit.* Leipzig 1993

Schneider, Norbert: *Stilleben. Realität und Symbolik der Dinge. Die Stillebenmaler der frühen Neuzeit.* Köln 2009

Schüssler, Alexandra (Hg.): *Villa Sovietica. Soviet Objects*. Gollion 2009

Selle, Gert: *Siebensachen. Ein Buch über die Dinge.* Frankfurt/M. 1997

Sennett, Richard: *Handwerk*. Aus dem Amerikanischen von Michael Bischoff. Frankfurt/M. 2008

Simic, Charles: *Medici Groschengrab. Die Kunst des Joseph Cornell.* Aus dem Amerikanischen von Klaus Martens. München 1999

Simmel, Georg: *Der Henkel*. In Simmel, Georg: *Philosophische Kultur*. Berlin 1986, S. 111–118

Literatur 207

Stern, Daniel: *Tagebuch eines Babys*. Aus dem Amerikanischen von Gabriele Erb. München 2009

Stieve, Claus: *Von den Dingen lernen. Die Gegenstände der Kindheit*. München/Paderborn 2008

Strässle, Thomas: *Salz*. München 2009

Szymborska, Wisława: *Der Augenblick/Chwila*. Aus dem Polnischen von Karl Dedecius. Frankfurt/M. 2005

Turkle, Sherry (Hg.): *Evocative Objects. Things We Think With*. Cambridge, Mass. 2007

Wagenschein, Martin: *Kinder auf dem Weg zur Physik*. Weinheim 1990

Waggerl, Heinrich: *Liebe Dinge*. (1956) München 2010

Winner, Anna: *Kleinkinder ergreifen das Wort*. Berlin 2007

Winnicott, Donald W.: *Übergangsobjekte und Übergangsphänomene*. In: *Psyche 9*, 1969, S. 666–682

Winnicott, Donald W.: *Playing and Reality*. London 1971

Zinnecker, Jürgen: *Kinder, Kindheit, Lebensgeschichte*. Seelze-Velber 2001

Fee Czisch
KINDER KÖNNEN MEHR
Anders lernen in der Grundschule

Kinder können mehr, wenn die Schule ihre Stärken fördert, sie als Individuen wahrnimmt, ihrer Neugier Nahrung gibt. Jedes Kind kann lernen, wenn Erwachsene – Lehrer wie Eltern – sein Bedürfnis nach Erfahrung, nach Erkenntnis der Welt ernst nehmen.

»Ein Traumbuch: Eine Lehrerin zeigt, wie man ausstehenden Lehrplänen und anderen Entschuldigungen ein Schnippchen schlägt und einfach tollen Unterricht macht.« Susanne Mayer, Die ZEIT

336 S., ISBN 978-3-88897-480-9